Trotzdem was geworden - Chronik eines Lebens
1. Auflage, erschienen 8-2020

Umschlaggestaltung: Romeon Verlag
Text: Sigrid Stern
Titelfoto: Matthias Neidhardt / info@massarbyte.it
Layout: Romeon Verlag

ISBN: 978-3-96229-174-7

www.romeon-verlag.de
Copyright © Romeon Verlag, Kaarst

Das Werk ist einschließlich aller seiner Teile urheberrechtlich geschützt. Jede Verwertung und Vervielfältigung des Werkes ist ohne Zustimmung des Verlages unzulässig und strafbar. Alle Rechte, auch die des auszugsweisen Nachdrucks und der Übersetzung, sind vorbehalten. Ohne ausdrückliche schriftliche Genehmigung des Verlages darf das Werk, auch nicht Teile daraus, weder reproduziert, übertragen noch kopiert werden. Zuwiderhandlung verpflichtet zu Schadenersatz.

Alle im Buch enthaltenen Angaben, Ergebnisse usw. wurden vom Autor nach bestem Gewissen erstellt. Sie erfolgen ohne jegliche Verpflichtung oder Garantie des Verlages. Er übernimmt deshalb keinerlei Verantwortung und Haftung für etwa vorhandene Unrichtigkeiten.

Bibliografische Information der Deutschen Nationalbibliothek:
Die Deutsche Nationalbibliothek verzeichnet diese Publikation in der Deutschen Nationalbibliografie; detaillierte bibliografische Daten sind im Internet über *http://dnb.dnb.de* abrufbar.

Trotzdem was geworden
Chronik eines Lebens

Von
Sigrid Stern

„*Solange man nicht in der Vergangenheit wühlen muss, sieht das Leben wundervoll aus; versöhne Dich, sonst kannst Du Dich über die Gegenwart nicht freuen.*"

Sigrid Stern

Für Steffen, Manja, Tom, Susi, André, Lilia, Birgit, Wolfgang, Petra, Tina, Max, Jonathan, Hannah, Judith, Mark, Namid, Cindy, Kevin

Danke an alle die vielen Menschen, die mich auf meinen Wegen unterstützt haben.

Inhalt

Vorwort		7
1	Das Trotzdem-Kind – meine Wurzeln	10
2	Verwirrjahre – Basisjahre	54
3	Hochzeit 1967 und mein erstes Kind	77
4	Jena und mein zweites Kind	82
5	Moskau, UdSSR, 1980–1983	103
6	Der Suizid 1981	113
7	Mittelasienreise 1982	118
8	Beziehungschaos	130
9	Rückkehr 1983 – ein Balanceakt	136
10	Hochzeit und mein drittes Kind	147
11	Wendejahre – Umbrüche – Moskau 1989–1995	155
12	Rückkehr – Psychologiestudium und andere Turbulenzen	174
13	Nach der Flut – ein Aufbruch	184
14	Hoffnung, Verrat und Loslassen	191

Vorwort

Die Frage „Wie bin ich so geworden?" stellt man sich nicht so oft. Älter geworden, fragt man eher: „Warum konnte ich nicht so werden wie …?" oder: „Warum bin ich so?" Dann kam der Alltag, der tägliche Wahnsinn und weiter ging es. Wir waren eine sogenannte Patchworkfamilie – meine Kinder, dein Kind, unser Kind. Wenn wir zusammenkamen, hatte ich immer das Gefühl, dass wir uns trotz aller Unterschiede in der Art, wie jeder sein Leben lebt, gernhaben und zusammenhalten.

Seit 1998 Jahren arbeitete ich als Therapeutin, Mediatorin, Trainerin für autogenes Training nach Professor Schultz, als Coach und Dozentin und habe viele zusätzliche Weiterbildungen auf dem Gebiet der Selbsterfahrung absolviert. Ich habe viel positives Feedback erhalten und konnte immer einfühlsam und motiviert auf die Menschen zugehen, dachte ich. Mein Beruf in meiner zweiten Lebenshälfte, zu der es eine späte Entwicklungsgeschichte gibt, hat mir immer wieder Freude gemacht. Sobald ein Mensch meine Hilfe brauchte und braucht, konnte und kann ich mich frei und einfühlsam auf ihn einlassen. Natürlich gab es auch Situationen, wo die Interventionen nicht gelangen, das hat mich jedoch nicht gehindert weiterzumachen. Die Reflexion über den Fehlschlag konnte ich aushalten, denn danach war ich wieder klar. Was ich immer weniger aushalten kann, ist, dass mir immer bewusster wird, dass meine Familie ein Problem mit mir und diesem Beruf hat. Es wurde nie offen darüber gesprochen. Meine damals zehnjährige Enkeltochter fragte mich: „Oma, was hast du eigentlich für einen Beruf?"

Oder haben wir ein anderes Problem? Liegen die Probleme tiefer? Liegen sie in der Vergangenheit? Hat es mit dem zu tun, was meiner Vorfahren erleben mussten, die angesichts des Krieges an emotionalen Verletzungen gelitten haben und diese nicht verarbeiten konnten? Es wurde wenig darüber gesprochen.

Die Aufgaben einer selbstständig arbeitenden Therapeutin mit einer Patchworkfamilie und dadurch entstehende Verstrickungen in diesem Familiensystem beschäftigen mich sehr. Vielleicht hilft mir die persönliche Auseinandersetzung, mir Klarheit über mich zu verschaffen und mein Leben aufzuarbeiten. Sollten die Kinder das lesen, würde ich mir wünschen, dass sie mich danach besser verstehen. Ich liebe meine Kinder und ihre Geburt war immer ein großes, überwältigendes Wunder; etwas, was ich tief im Herzen empfunden habe und immer noch nachempfinde, wenn ich die Augen schließe. Keines der Kinder bereue ich, egal welche Vorwürfe sie mir gemacht haben, sodass ich mich schuldig fühlte. Heute macht mich das, was ich versäumt oder falsch gemacht habe, traurig. Ich habe zu meinen Klienten immer gesagt: „Es gibt kein Falsch, es gibt nur fehlendes Wissen." Das macht es mir jedoch nicht unbedingt leichter. Was nützt mir all das Wissen, wenn meine Kinder mit ihrem Wissen glauben, die Weisheit schon in sich zu haben?

Wie sich heute zeigt, bin ich auch nicht weiser, ich war ja erst 69 Jahre, als ich zu schreiben und damit mich zu reflektieren begann. Sie werden auch mal 69 Jahre. Wie werden sie dann denken und fühlen, wenn sie an ihre Mutter denken, die dann nicht mehr physisch auf dieser Welt existiert? Ist es nicht unsere Aufgabe, mit den Jahren zu reifen und damit weiser zu werden? Für mich bedeutet Weisheit Liebe zu sich selbst, Großmut und Toleranz gegenüber anderen Menschen. Ich lebte selbst in keiner einfachen Beziehung mit meinen Eltern, auch nicht mit meinen beiden Männern und wohl auch nicht mit meinen Kindern, wie mir heute bewusst geworden ist. Das war wohl eine Illusion. Dazu kamen die politischen und ökonomischen Verhältnisse unter den Bedingungen zweier gesellschaftlicher Systeme, denen man sich nicht entziehen konnte, man musste sich anpassen. War ich zu naiv? Ich wollte doch alles besser machen.

Warum sind Familienbeziehungen so schwierig? Warum können wir uns nicht so akzeptieren, wie wir sind?

Es geht mir darum, zu erzählen, wie ich mal war und wie ich geworden bin. Ich möchte mich für nichts rechtfertigen und niemandem die Schuld dafür geben, wie mein Leben verlaufen ist. Dafür war und bin allein ich verantwortlich. Trotzdem ließen mir die Zeiten, in denen ich als sehr junge berufstätige Frau mit eigener Familie und später in zwei verschiedenen Welten lebte, keinen ausweichenden Raum. Als Mutter einer Generation, in denen sich Männer noch schwer damit taten, eine Frau als gleichwertig zu respektieren, blieb mir keine andere Wahl, und tat mein Möglichstes, um den Kindern das Beste auf ihren Weg zugeben. Ich bereue nichts und es ist kein Lamentieren; unterm Strich war und ist es ein schönes Leben. Das muss man erst mal schaffen nach dem Krieg und einem verfehlten kommunistischen Traum, in dem ich mich – wie viele Frauen meiner Zeit – bewegte.

1956 Sigrid mit Bruder und Mutter   Im Schwimmbad 1960

1 Das Trotzdem-Kind – meine Wurzeln

Im Sommer, am 1. Juli 1948, fiel ich in die Welt. Der Zweite Weltkrieg ist seit drei Jahren beendet. Die Menschen bemühen sich um Normalität. Wird es je wieder eine Normalität geben nach solchen traumatischen Erfahrungen, die jede Familie gemacht hat?

In der damaligen Klinik von Professor Jusuf Ibrahim in der Robert-Koch-Str. in Jena, einer durch Schiller und Goethe berühmten Kleinstadt, bringt meine Mutter, ein 17-jähriges Mädchen, eine Tochter zur Welt, mich. Trotzig gezeugt, im Glauben zu lieben, in Sehnsucht nach Liebe und verachtet zugleich.

Verachtet, weil sich meine Mutter gegen den Willen ihrer Familie und vor allem der älteren Schwester mit meinem Vater eingelassen hatte, aus deren Sicht ein volljähriger Mann, der die minderjährige Tochter und Schwester verführt hat.

Trotzig, weil meine Mutter nun gerade diesen Mann wollte und beide mich bewusst in der Küche auf zwei Stühlen zeugten, damit sie heiraten durften. So erzählte es mir meine Mutter, als ich noch sehr klein war. Sie setzte ihren Kopf durch, ohne an die Konsequenzen zu denken.

In Liebe gezeugt, in dem starken Willen, sich damit gegen alle Widerstände durchzusetzen. Zu wissen, in Liebe gezeugt zu sein, ist ein wunderbares Gefühl und macht stark. Habe ich deshalb die Steine auf meinem Weg überwinden können? Oder sind es die Widersprüche, die ein Mensch durchlebt und bemerkt dabei nicht, zerbrochen zu sein? Heute fühle ich mich stärker als je zuvor. Doch dann falle ich wieder in ein Loch voller Zweifel und scheinbar ohne Ausweg.

Ein Psychoanalytiker würde dazu sagen, dass dieses Kind benutzt wurde, damit die beiden ihren Willen durchsetzen konnten. Na prima! Trotzdem, ich war und bin.

Der Krieg ist vorbei. Die Menschen atmen auf, endlich ist der Albtraum zu Ende und schnell richtet man sich neu ein. Die Männer kehren aus dem Krieg zurück. Es gibt Lebensmittelkarten, man muss sinnvoll damit umgehen, noch sind Lebensmittel knapp. Alles muss aufgegessen werden bis auf den letzten Krümel. Die Jugend findet in ihre Leichtigkeit zurück, endlich Frieden, Freiheit, wieder tanzen, singen und lachen.

Margarete, so der Name meiner Mutter, und ihre drei Jahre ältere Schwester genießen das Leben und absolvieren eine Ausbildung. Sie träumen von einer Zukunft wie jedes junge Mädchen in dem Alter und dazu gehört die Liebe mit dem Traumprinzen. Margret interessieren die Sorgen ihrer Mutter wenig. Deswegen gibt es viel Streit. Die Schwester ist ganz anders, verantwortungsbewusst sorgt sie sich und wird lange mit ihrer helfenden Einstellung auch später die ganze Familie aus dem Westen unterstützen und ihr Leben danach ausrichten.

Meinen Vater hatte man mit 16 Jahren als Jungsoldat noch in den Krieg geschickt. Was er dort erlebte, schilderte er mir später. Ich glaube heute, dass er sich von diesem Trauma nie wirklich erholt hat. Zum Beispiel: Eine Granate tötete alle jungen Männer mit einem Schlag in einem Schützengraben bei Metz in Frankreich, nur mein Vater überlebte diesen Angriff. Er verlor seinen besten Freund und alle Kameraden, mit denen er in diesem Schützengraben verharrte, von einer Sekunde zur anderen. Damals wurde darüber nicht gesprochen. Wussten sie das in der Familie überhaupt?

Als mein Vater mit 20 Jahren, der Krieg war gerade mal ein Jahr vorüber, Margarete beim Tanzen kennenlernte, war es Liebe auf den ersten Blick. Sie befand sich mitten in der Lehre zur Verkäuferin und war noch nicht volljährig. Vater lernte Werkzeugmacher bei Carl Zeiss Jena. Beide waren kopflos verliebt und überhaupt nicht aufgeklärt. Wie man verhindert, schwanger zu werden, wussten sie nicht. Das war ihnen egal, sie wollten ein Kind.

Ihre Mutter, meine Großmutter, hatte zu ihr gesagt, bevor sie in den Landverschickungsdienst fuhr: „Wenn Du nicht so wiederkommst, wie Du von hier weggefahren bist, dann gibt es Ohrfeigen." Das war die Aufklärung meiner Mutter – ein damals 16-jähriges, wunderschönes Mädchen mit leuchtenden grünen Augen, hellbraunen Haaren und einem Kriegstrauma, von dem sie keine Ahnung hatte.

Margarete, meine Mutter, war im Gegensatz zu ihrer Schwester sehr romantisch veranlagt und lebte in ihren Träumen. Sie wurde als drittes von vier Kindern geboren. Georg, der Älteste, war die Folge eines Missbrauchs an der Großmutter. Dann kam Anneliese zur Welt, danach Margarete und schließlich in Duisburg Adolf, der Jüngste unter den Geschwistern.

Nach dem Krieg gab es wenige Lehrer, die im Sinne des Sozialismus geschult waren. Mein Vater wurde auserwählt, als Junglehrer in Weimar ausgebildet zu werden. Es war eine Chance, mehr aus sich zu machen. Das sah die Familie meiner Mutter anders. Um ein Kind sollte sich gekümmert werden und deshalb hatte er Geld zu verdienen und nicht zu studieren. Ein kurzsichtiges Denken, typisch für die Generation, die den Krieg durchgemacht hatte. Dies diente nicht gerade dazu, diese beiden Menschen moralisch zu unterstützen. Wer den Krieg überlebt hatte, war geprägt durch den Kampf um das tägliche Überleben; über die Zukunft nachzudenken, das musste diese Generation erst wieder lernen. Dazu brauchte sie ein Gefühl von Sicherheit und den Glauben an den dauerhaften Frieden.

Ruinen in der Stadt Jena zeugten vom durchlebten Krieg. Ich wohnte bei den Großeltern, die vor Kriegsende aus Duisburg nach Jena evakuiert worden waren. In der Straße, in der wir lebten, roch es nach Chemie. In einer Straße weiter befand sich eine pharmazeutische Fabrik, Jena Pharm. Eine Fabrik, die ihre Abgüsse in die Umwelt hinausströmen ließ. Noch heute habe ich den Geruch in mir, obwohl es die Fabrik beziehungsweise das, was nach der Wende noch von ihr übrig geblieben ist, so nicht mehr gibt. Ich lebe schon lange nicht mehr in Jena, aber wenn ich daran denke, dann empfinde ich den unangenehmen Geruch wieder in der Nase. Immer, wenn ich in späteren Jahren die Straße zu meiner Großtante Ella hochlief, wo sie bis zu ihren Tod lebte, spürte ich den typischen Gestank, der sich in allen Ecken befunden hat.

Die Schleidenstraße, im Süden von Jena, wo sich später auch die Wohnung der Großeltern befand, war eine Straße mit fünfstöckigen Häusern. Für die damalige Zeit als Arbeiterunterkünfte recht komfortabel, ohne Bad, ein Waschbecken in der Küche, ein alter Herd, auf dem man das Essen kochen und warm halten konnte, eine kleine Speisekammer und sogar ein Klo mit Spüle und einem Fensterchen darin, von dem aus man in einen Hof und Gärten sehen konnte. Es gab zwei kleine Schlafzimmer, ein Wohnzimmer mit einem großen Kachelofen und einen lang gezogenen Korridor, in dem ich gern spielte. Die Häuser klebten aneinander und hatten auch so einen alternden Geruch, den man schlecht beschreiben kann, eben alt. Jedes Haus sah anders aus, hatte seinen eigenen Stil, keine Einheitsarchitektur. Zum Waschen stellte mich meine Oma in eine große Schüssel auf den Küchentisch und dann schrubbte sie mich von oben bis unten ab, dabei wurde mir die Welt erklärt und wie wichtig ein sauberer Körper ist.

Gegenüber auf der anderen Straßenseite wohnten Onkel Paul und Tante Ella. Onkel Paul war der Bruder meiner Oma. Beide waren kinderlos und sie waren ein Glück für mich und ich ihr Glück. Jedenfalls gaben sie mir das Gefühl, mich sehr lieb zu haben. Heute ist mir klar, dass sie mir zeigten, wie sich Liebe zu einem Kind anfühlt. Sie waren die Großeltern, die sich Kinder wünschen, sie hatten auch keine Verantwortung. Anders meine richtige Oma, die mich bis zu meinem sechsten Lebensjahr abwechselnd mit meinen Eltern aufzog.

Tante Ella war eine kleine rundliche Frau mit grauen Haaren, die zu einem Knoten gebunden waren. Ihre Fingernägel waren durch die Arbeit bei Carl Zeiss Jena, wo sie Feldstecher lackierte, verkrüppelt. Sie hatte dicke Beine mit Krampfadern. Es machte mir nichts aus, wenn sie mich an ihre dicke Brust drückte. Es fühlte sich warm, weich, herzlich an und sie roch gut. Sie roch nach Tante Ella.

Onkel Paul, der Bruder meiner Oma und Tante Ellas Mann, war ein großer, schlanker, schöner Mann. Ich fragte mich später, was die beiden verband, denn man hatte eher das Gefühl, dass es eine Mutter-Sohn-Beziehung war. Onkel Paul rauchte viel und wenn er betrunken war, konnte er sehr gemein zu Tante Ella sein, da mochte ich ihn als Kind nicht. Beim Durchsehen alter Bilder fand ich ein Foto, auf dem sich beide verträumt ansehen. Die Liebe strahlte aus ihnen, also war es doch Liebe, die wohl die Zeit und der Krieg verändert hat, wie so viele Lieben durch den Krieg zerstört wurden. Jeder Krieg hinterlässt bei den Menschen Spuren; er wird nie mehr der sein, der er vorher war.

Wir wohnten unterm Dachboden. Von unserer Straßenseite aus konnten wir hinüber in die Wohnung von Onkel Paul und Tante Ella sehen, die gegenüber auch unterm Dachboden lebten. Wir konnten uns von Fenster zu Fenster unterhalten, Neuigkeiten austauschen und Vereinbarungen treffen. Ich fand das lustig, denn die Tante hatte immer eine kleine Überraschung für mich. Sie zwinkerte mir zu und da wusste ich, wenn ich sie besuchte, gab es Schokolade oder eine andere Süßigkeit. Ich litt oft unter starkem Husten und dann sagte sie immer: „Jetzt kommt unser kleiner Bello." Sie wusste, dass ich gern Knackwurst esse, und noch heute werde ich beim Anblick einer Knackwurst schwach.

Viele Treppen führten zu uns hinauf und sie kamen mir mit meinen Kinderbeinchen endlos vor. Wir hatten unmittelbare Nachbarn, die Familie J. mit ihren zwei Töchtern. Marlis war in meinem Alter und wir spielten viel zusammen, was meine Oma nicht gerne sah. Kam ich von der Familie J., verhörte sie mich. Sie wollte wissen, was ich über unsere Familie erzählt habe. Oft glaubte sie mir nicht und behauptete, dass ich lügen würde. Ich war mir keiner Schuld bewusst, sie schlug mich dann auch schon mal. Mit ihrem Gespräch wollte sie die Wahrheit aus mir herausholen. Die Szene, wie sie auf mich einredete, ist mir gegenwärtig, wenn ich daran denke. Welche Wahrheit meinte sie? Was durfte ich nicht über unsere Familie verraten? Ich war doch erst vier Jahre alt. Vielleicht hat sich in dieser Zeit meine Einstellung im Umgang mit der Wahrheit entwickelt. Es muss wohl so gewesen sein, dass ich so lernte, egal was ich sagte, sie dreht es zur Lüge, und so sagte ich die Wahrheit. Sie entschied über Wahrheit oder Lüge. Das zog sich wie ein roter Faden durch das Verhalten unserer Familie mir gegenüber und durch mein Leben. Für ein Kind ist es schwer, so zu lernen, wann ist es Lüge und wann ist es Wahrheit. Trotzdem habe ich mich später beim Lügen ertappt und einmal habe ich mich mit fünf Jahren zu einer feigen Lüge hinreißen lassen.

Was für ein Geheimnis gab es in der Familie? Hatten sie vielleicht Dinge dramatisiert, die aus heutiger Sicht erklärbar wären? Hatte es mit dem Krieg zu tun? Was hat mein Großvater im Krieg gemacht? Wer war dieser Opa Adolf? Warum gab man dem jüngsten Sohn auch diesen Namen, Adolf? Warum trug mein Großvater ein Hitlerbärtchen? Das alles sind Fragen, die ich mir stelle, auf die ich aber leider heute keine Antwort mehr bekommen werde.

Die Großeltern, meine Mutter und der Stiefvater leben nicht mehr. Ich habe das Glück, mich in der Erinnerung mit ihnen versöhnen zu können. Heute verstehe ich vieles besser und kann verzeihen. Ich wünsche mir, dass auch meine Kinder mir eines Tages verzeihen können, dafür, dass ich auch nur ein Mensch mit Fehlern bin.

Großmutter wurde am 8. April.1904 als Anna Frieda Brandt in Groß Westphalen/Westpreußen geboren (heute Polskie Stwolno) und lebte in dem kleinen Ort Schwetz, im Kreis Graudenz. Ihre Eltern waren August Brandt, wohnhaft in Echtrop im Kreis Soest, und Amalie, geborene Witt. Sie starb 1918 in Groß Westphalen, als meine Oma 14 Jahre alt war. Warum sie starb, wusste keiner – oder war das auch so ein Tabu, wie vieles in unserer Familie?

Mutter erzählte mir, dass der frühe Tod der Uroma für die Oma und ihren Bruder ein Schock war. Dass es noch einen dritten Bruder gab, der nach dem Krieg in Polen blieb, erfuhr ich erst viele Jahrzehnte später. Den Verlust der Mutter haben sie nie verwunden. Oma Anna konnte eine Zeit lang nicht laufen. Nach dem Tod von Amalie heiratete August eine Rheinländerin und zog mit seinen Kindern Anna und dem Bruder Paul nach Duisburg. Der älteste Bruder Georg blieb in Groß Westphalen, dem heutigen Polen. Die Stiefmutter soll sehr böse gewesen sein. Anna hatte nur ein einziges Foto von ihrer Mutter, das wurde von dieser Stiefmutter vor Annas Augen zerrissen. Hat hier das Trauma der Familie begonnen, das auch mich beeinflusst hat?

Anna begann eine Lehre als Hausdame. Sie arbeitete später als Haushaltshilfe auf einem Gut im heutigen Nordrhein-Westfalen und wurde von dem Gutsbesitzer schwanger, dann auf die Straße geschmissen, als das Kind, ein Junge, Georg, zur Welt gekommen war. Danach muss sie Opa Adolf begegnet sein, der sich in diese schöne, große, schlanke Frau mit glänzend schwarzen Haaren verliebte. Es war wohl eher eine Vernunftehe seitens meiner Oma. Er adoptierte den kleinen Georg, nachdem sie im Mai 1928 in Duisburg geheiratet hatten. Georg fiel im Zweiten Weltkrieg in Marseille/Frankreich. Ein weiterer Verlust, den die Oma verkraften musste. Inzwischen waren Anneliese und Margarete, meine Mutter, geboren und auch sie vermissten ihren großen Bruder, der ein sehr begabter junger Mann gewesen sein soll. Es gibt ein Foto, auf dem alle vier Kinder der Oma im Gänsemarsch über eine Mauer am Rhein langlaufen, jedes eine Eistüte in der Hand. Es sind vier Kinder auf dem Foto. Ein Sohn, Adolf wurde später geboren, der für mich eher ein Bruder wurde als ein Onkel. Georg war noch dabei. Von ihm gibt nur zwei Fotos, auf denen er zu sehen ist.

Als Mutter kann ich es mir nicht vorstellen, wie man mit dem Verlust eines Kindes zurechtkommt. Es war ein unsinniger Kriegstod, wie jeder Tod, der durch Menschen oder durch ein Schicksal zum Ende eines verheißungsvollen Lebens führt. Keiner sollte vor den Alten sterben, sagt man, und schon gar nicht in einem Krieg.

Heute begreife ich, warum mir meine Oma diesen Spruch in mein Poesiealbum geschrieben hat: „Wenn Du noch eine Mutter hast, so danke Gott und sei zufrieden, nicht allen auf dem Erdengrund ist dieses hohe Glück beschieden."

Als der Krieg begann, der Opa in den Krieg musste, war Oma mit den vier Kindern allein und musste sich durchschlagen. Wie hat sie das ohne Arbeit gemacht? Am Ende des Krieges wurden auch deutsche Städte bombardiert, so auch Duisburg. Meine Mutter erzählte mir davon und dass sie im Keller vor Angst zitterten. Einmal ist sie von einer Phosphorbombe geblendet worden und konnte eine Zeit lang nichts sehen. Das muss traumatisch für die kleine Margarete gewesen sein! Wie lebte sie mit diesem Schock? Mit meinem Wissen über Traumata kann sie es nicht verarbeitet haben. Später erfuhr ich von Tom, einem Cousin, dass die Familie im Keller durch eine Bombe verschüttet worden war. Auch darüber wurde nie etwas erzählt.

Kurz vor Kriegsende wurden viele Familien aus Duisburg evakuiert, auch die Familie meiner Mutter. Sie kamen dorthin, wo es Verwandte gab. Für Oma Anna war das Jena in Thüringen, weil dort ihr Bruder Paul eine Wohnung mit seiner Frau, Tante Ella, hatte. Bevor sie dort aus dem Zug steigen konnten, erlebten sie Todesangst durch Tiefflieger, die dem Zug bedrohlich nahekamen. Wie viel Angst müssen sie gehabt haben? Belastete diese große Angst und Verunsicherung noch immer unbewusst die Seelen unserer Familie und hat sich diese Angst auf eines meiner Kinder übertragen? Vier Tage waren sie insgesamt unterwegs. Onkel Paul war damals schon in russischer Gefangenschaft und die Familie wurde bei ihm einquartiert. Vier Personen mussten in einem kleinen Zimmer leben. Georg war zu dem Zeitpunkt bereits in Frankreich gefallen. Wie hat meine Oma das ausgehalten? Vom Hörensagen weiß ich, dass die Großtante und Oma oft Streit hatten, was unter den engen Verhältnissen unvermeidlich war. Später bekam meine Oma in der gleichen Straße gegenüber eine geräumige Wohnung zugeteilt, die ich bereits beschrieben habe.

Oma Anna starb mit 71 Jahren in Hannover an gebrochenem Herzen hinter der Mauer. Das Jahr, in dem sie starb, ist mir nicht bewusst. Mir erzählte meine Mutter, ihr wäre das Herz zerrissen. Es ist heute erwiesen, dass ein Mensch durch lang ertragenes Leid an gebrochenem Herzen sterben kann – das sogenannte „Broken-Heart-Syndrom". Sicher war es ein Herzinfarkt, den sie nicht überlebte, weil zu spät Hilfe kam.

Mutter bekam keine Ausreisegenehmigung, um an der Beerdigung ihrer Mutter teilzunehmen. Sie hatte ein Jahr zuvor die Möglichkeit, ihre Mutter in Hannover zu besuchen, und da sahen sie sich das letzte Mal. Als Mutter damals von dem Besuch aus Hannover wiederkam, erzählte sie mir, dass sie eine gute innige Zeit miteinander hatten. Sie glaubte, dass Oma Anna unter Depressionen litt. Unverarbeitete Traumata haben oft Depressionen zur Folge.

Adolf Eduard Rehwald, geboren am 9. Mai 1909 in Köln, Beruf Straßenpflasterer. Mein Opa bepflasterte Straßen mit viereckigen Quadersteinen. Über ihn weiß ich nicht viel, denn er war meistens nicht zu Hause in der Zeit, als ich mich bewusst an das Leben bei der Oma erinnern kann. Er soll aus einer Familie mit 13 Kindern stammen. Wir kennen keine Angehörigen von ihm. Meine Mutter sprach mit Achtung von ihrem Vater. Ihre Schwester dagegen war voller Hass. Er soll ein Schwerenöter gewesen sein, der gern viel Alkohol trank und immer eine Geliebte hatte. Woher nahm die Tante das Gefühl, die Moral gepachtet zu haben? Was wusste sie über die Beziehung ihrer Eltern wirklich? Dass meine eigenen Kinder im späteren Leben auch auf mich so reagieren würden, ist eine Wiederholung und hat wohl damit zu tun, dass sich bestimmte Verhaltensmuster auf unbewusste Art auf folgende Generationen übertragen. Der Moralkodex einer Familie kann entscheidend dafür sein, wie die Erziehung der Kinder verläuft und wie frei sie sich entfalten oder aber in moralischer Enge aufwachsen, aus der sie sich nur schwer befreien können.

Ich kann mich nur an wenige Episoden erinnern, wenn ich an diesen Opa denke.

Kam ich mal von den Eltern, fragte mein Opa in unverfälschtem Kölsch: „Was willst?" Ich antwortete: „Na, bei euch schlafen." Darauf erwiderte der Opa: „Ne, des geht nich, wir haben kein Bett frei." Ich muss dann zweifelnd ausgesehen haben und er antwortete: „Na, ja, Du kannst in meinem Rucksack an der Wand schlafen, da hängen wir Dich dann auf." Diesen Humor, der nicht von allen verstanden wird, muss ich von ihm geerbt haben.

Eine weitere Szene spielte sich in der Küche ab. Ich lag bei der Oma im Bett und man sah von dort die Küche. Es gab keine Tür. Opa kam betrunken nach Hause und Oma hatte kein Abendbrot zubereitet oder vielleicht waren die Bratkartoffeln, die sie gemacht hatte, kalt, denn er spuckte ihr die Kartoffeln ins Gesicht und schlug sie dann. Als Oma Anna zu mir zurück ins Bett kam, kuschelten wir uns zusammen und ich hörte, dass sie weinte. Ich hatte beklemmende Gefühle und sie tat mir sehr leid. Dieses Mitgefühl für das Leid anderer muss in meinen Genen liegen, denn in der Familie konnte ich das nicht gelernt haben. Es gab harte Kritik, wenn was schiefging, aber nie ein Gedanke oder eine Frage, warum es schiefging; sofort Verurteilung und Vorwürfe. Wie kann sich so ein Verhalten so lange in einer Familie verankern?

Wir besuchten den Opa auch mal in Jena bei seiner Arbeit. Er war dabei, als die Robert-Koch-Straße in Jena, wo sich die Kinderklinik befand, in der ich geboren wurde, neue Pflastersteine bekam. Die Steine prägen noch immer das Bild dieser Straße. Dort hat sich mein Opa für mich verewigt, zumindest eine Spur hinterlassen.

Der Opa war Hobbyangler. Im Korridor unserer Wohnung stand eine kleine Kommode, in der er sein Anglerzeug aufbewahrte. Eines Abends kniete er vor der Kommode, als der Strom ausfiel. Ich beugte mich über den Opa, der mit einer Kerze in einer Schublade etwas zu suchen schien. Darin sah ich einen kleinen Ball und wollte nach diesem Ball greifen. Ich hatte lange schwarze Haare, die die Oma täglich mit einer Brennschere lockig formte, was ich bedingungslos über mich ergehen lassen musste, sonst hätte es was gesetzt. Diese Pracht stand nun in Flammen und jeder kann sich vorstellen, wie das Löschen meiner Haare verbunden mit Geschrei ablief.

Die Oma war beleidigt über den Rest der künstlichen Lockenpracht und am nächsten Tag ging sie mit mir forschen Schrittes zum Friseur. Ich bekam einen Topfschnitt mit einer Haartolle. Das muss man sich so vorstellen, die oberen Haare wurden um einen Kamm gewickelt, den man oben auf den Kopf feststeckte. Auf dem Weg nach Hause wiederholte Oma in feinstem Deutsch ständig den Satz: „Siehste, das hast Du von Deiner Neugierde." Diese Eigenschaft blieb mir eigen und hat mir auf meinem Weg geholfen, mir stets eine eigene Meinung über das Leben und das Verhalten der Menschen zu bilden.

Im positiven Sinne ist die Neugier ein Antreiber für Menschen, die ehrgeizig sind und den Dingen auf den Grund gehen. Ich war schon als Kind neugierig. Immer wusste ich, was in den Schränken zu Weihnachten und zu Ostern versteckt war. Bei der Oma gab es eine Schublade, in der die Schokolade aus dem Westen aufbewahrt wurde. Darin roch es verführerisch. Welches Kind würde da nicht zugreifen und naschen? Ich kenne keine Angst, dachte ich lange von mir. Heute wundere ich mich darüber und frage mich, wo dann die Ängstlichkeit herkommt, die ich bei meiner eigenen Tochter bemerke, obwohl sie nie einen Krieg erlebt hat. Oder gab es Zusammenhänge, die ich nicht richtig verstand? Habe ich die eigene Angst unterdrückt, damit meine Kinder keine Angst spüren sollten? Dabei ist die Angst eine natürliche Reaktion, um sich bei Gefahr zu schützen.

Das letzte Ereignis, das mich an den einzigen Opa erinnert, den ich hatte, war sein Spruch (auf Kölsch): „Eure sozialistischen Kartoffeln könnt Ihr Euch in Euren sozialistischen Arsch stecken." Ich weiß nicht, wie sich das anhörte, doch dieser Satz sollte dramatische Folgen für den Opa haben.

Er saß eines Tages mit Onkel Paul nach dem Angeln mal wieder in der Kneipe im Westbahnhof von Jena. Mein nicht sehr großer, knuddeliger Opa mit Hitlerbärtchen neben dem schönen, großen, schlanken Großonkel Paul – „Watson" und „Sherlock Holmes" beim Anglerlatein. Sie begossen ihren Fang mit Bier und Schnaps, wie jedes Mal, denn beide waren leidenschaftliche Angler. „Der Fisch muss schwimmen", meinten beide, um sich ein Alibi zu geben. Das war 1953, die Zeit, als die ersten Menschen sich trauten, ihre Unzufriedenheit mit dem System in der sowjetischen Besatzungszone zum Ausdruck zu bringen. In Jena brodelte es heftig. Es war aber auch die Zeit, als jeder jeden denunzieren konnte. Der Satz: „Eure sozialistischen Kartoffeln könnt Ihr Euch in Euren sozialistischen Arsch stecken" brachte meinen Großvater für zwei Jahre ins Gefängnis. Erst später wurde mir klar, dass auch mein Vater in dieser Zeit zum Opfer gemacht wurde. Opa war vorlaut, betrunken und hatte jede Vorsicht vergessen. Mein Vater war jemandem im Weg, der Karriere machen wollte. Das eine war Verrat, das andere Mobbing und Denunziantentum. Es gab schon immer dieses Mobbing, über das man auch heute noch nicht gerne spricht. Das Thema Mobbing sollte mich später als Therapeutin sehr beschäftigen.

Es handelt sich dabei um Ausgrenzung und Verleumdung eines Menschen, der für seine Umgebung oder den Einzelnen bedrohlich erscheint. Von dem man denkt, dass er ein Konkurrent ist, oder auf den man neidisch ist. Der Gemobbte hat keine Ahnung davon und versteht die Welt nicht mehr, erlebt, wie er unsicherer wird, obwohl er immer stabil und zielstrebig war. Da das Mobbing im Hintergrund geschieht, gibt es keine Möglichkeit, sich zu wehren, und das kann zu einer posttraumatischen Belastungsstörung führen. Der Betroffene zieht sich zurück und die Angreifer können sich auf seine Kosten austoben. Es gibt unzählige Beispiele, wie man Menschen fertiggemacht hat, die nicht selten nur im Suizid einen Ausweg sahen. In Familien wird jemand zum schwarzen Schaf auserkoren. Man spricht sich nicht ab, einer sät Zweifel und eine bösartige Dynamik entsteht, die großes Leid bei dem Familienmitglied auslöst, das niemanden ein Unrecht antun wollte, bloß weil er durch seine Unverdorbenheit und Offenheit anders erscheint. Mehrmals in meinem Leben habe ich dieses Mobbing selbst erlebt. Wie ein roter Faden zieht sich das durch mein Berufsleben und ist wieder in der eigenen Familie angekommen. Deshalb weiß ich, wie sich das anfühlt, was es mit einem macht und dass es einem letzten Endes den Boden unter den Füßen wegzieht.

Der Verrat an meinem Großvater hatte ganz andere Hintergründe. Er sollte sich auf sehr subtile Weise in der Familie wiederholen und mich in ein unsichtbares Gefängnis bringen, das von außen schwer zu öffnen war.

Als der Großvater wegen guter Führung vorzeitig entlassen wurde, gab es nur noch eine Option. Die hieß: „Ab in den Westen!" Damals stand noch keine Mauer, das war vor 1961. Die Flucht nach Hannover wurde von Tante Annelie, der ältesten Tochter, die gleich nach meiner Geburt in den Westen ging, vorbereitet. Sie ließen in der Jenaer Wohnung alles, wie es war. Mein Opa reiste nach Hannover und die Oma reiste später mit Onkel Adolf nach, der erst 17 Jahre alt war und mitten in der Lehre bei Zeiss.

Der Opa starb in Hannover vor meiner Oma. Ich weiß nicht, in welchem Jahr das war, doch vorher hatten sie noch einige gemeinsame Jahre, in denen Opa im Herrnhuter See so manchen Hecht fangen konnte und den Karneval in Köln erleben durfte. Er war dann immer eine Woche verschwunden. Auch meine Mutter liebte den Karneval, und wenn diese Zeit anbrach, herrschte in unserer Familie Ausnahmezustand. Den Rosenmontag und alle Sendungen diesbezüglich verfolgten wir im Fernseher, als wir einen hatten. Es waren Tage mit fröhlicher Stimmung, Mutter sang mit und wir tanzten zusammen. Die kleinen Geschwister staunten über uns und schüttelten verwundert ihren Kopf.

Oma Anna machte mit ihrem Sohn Addi, wie er genannte wurde, Scheinurlaub bei uns auf dem Dorf, in Ichtershausen bei Arnstadt, wo wir zu dieser Zeit lebten. Erst drei Wochen später reisten auch die beiden nach Hannover. Ich sollte danach die Oma und den Opa nie wiedersehen. Mir wurde Stillschweigen verordnet, denn ich war schon zu alt und mir blieb nichts verborgen. In dieser Zeit kriselte es zwischen meiner Mutter und der Oma. Oma Anna hatte sich im Kinderzimmer eingerichtet und verließ es selten. Sie war angespannt. Ahnte sie, was geschehen würde, wenn man dahintergekommen wäre, dass sie die Republik für immer verlassen wollte? Zum Glück waren sie schon in Hannover, als die Mauer gebaut wurde. Damit blieb meine Mutter mit ihren Kindern und Mann hinter dem Eisernen Vorhang zurück.

Die Oma schrieb mir später regelmäßig in ihrer alten Sütterlinschrift. Ich bekam auch ab und zu ein Päckchen, nur für mich. Sie hatte mich wohl doch auf ihre Weise geliebt. Darüber ärgerte sich meine Mutter, denn es war immer schöner verpackt als die „Aldi-Pakete" von der Tante für unsere ganze Familie.

Oma konnte sehr rechthaberisch und hart sein, denn ihr Leben war sicher nicht leicht. Der Krieg, die Flucht, der Verlust der Mutter und ihres Sohnes hatten sie hart gemacht. Das Wichtigste habe ich von ihr gelernt, nämlich, mich nicht unterkriegen zu lassen. Ihren Satz: „Wehre Dich, heul nicht, sonst lehre ich Dich was, dann kannst Du heulen." Dafür habe ich sie in dem Moment gehasst. Ich habe sie auch geliebt. Was solche Sätze mit einem machen und dass sie zu einem unbewussten Automatismus in Bezug auf das Verhalten eines Menschen werden können, habe ich erst später begriffen. Es hat noch lange gedauert, bis ich gelernt habe, mich zu wehren; meistens ging es schief und ich zog mich traurig in mich selbst zurück.

An eine mich verstörende Episode erinnere ich mich manchmal. Ich werde sie nie vergessen. Meine Eltern müssen das erste Mal geschieden gewesen sein. Vati schenkte mir eine Puppenstube und ich spielte damit, ganz in mich gekehrt. Oma Anna schimpfte plötzlich los, nahm mir die Puppenstube weg und sagte mir, dass ich von diesem Lumpen kein Spielzeug haben dürfe. Wie habe ich mich da als Kind gefühlt, frage ich mich heute. Es war doch von meinem Vati! Ich kann mich nicht daran erinnern, dass er je zu mir böse war. Noch heute spüre ich eine Wut in mir, wenn jemand nur seine eigene Wahrnehmung gelten lässt und sich nicht auch einmal fragt, was der andere denkt und möchte oder ob seine Sichtweise tatsächlich stimmt.

Zurück zu der frühen Kindheit, die in Jena in der Robert-Koch-Straße begann. Hier schlupfte ich aus dem warmen Bauch meiner Mutter. Die Geburt war unspektakulär, doch was rauskam, nicht, wie ich später immer mal wieder erfahren musste. Aus Liebe und in Schande!

Gut entwickelt mit dichten, schwarzen Haaren und braunen Augen, kugelrund, musste ich auf die Kinderkrankenstation, weil etwas mit dem Darm nicht stimmte, denn ich spuckte Blut beim Trinken. Mehr gab Mutter nicht preis, sie war erst 17 und es war eine Zeit, in der die Mutter-Kind-Betreuung einiges zu wünschen übrigließ. Später erfuhr ich von ihr, dass uns eine Krankenschwester traf, die mich damals betreut hatte. Sie war erstaunt, dass ich so ein Wonneproben geworden bin; man hatte geglaubt, ich würde ein Hänfling. Dass ich doch ganz schön kräftig wurde, erzählte meine Mutter, habe ich nur ihrer Schwester zu verdanken, die uns aus dem Westen mit allem versorgte, was es im Osten nicht gab. Diese Schwester, Tante Annelies, wurde ein Symbol für mich, die gute Westtante, die uns viele Jahre mit duftenden Westpaketen und abgelegten Klamotten beschenkte. Ich liebte und verehrte diese Tante, da ich noch nicht ihre andere Seite kannte. Später musste ich erkennen, dass sie durch subtile Präsenz immer gegenwärtig war und meine Mutter sehr in ihren Lebensentscheidungen beeinflusst hatte.

Tante Annelie, wie sie genannt werden wollte, verzog noch 1948 nach Hannover, wo sie mit Onkel Erwin ein Verhältnis hatte, der einen kleinen Lebensmittelladen besaß und uns mit Bonbons und Schokolade überschüttete, wenn er zu Besuch kam. Er war verheiratet mit einer Frau, die krank war, und Annelie hoffte, dass er sich für sie scheiden lassen würde. Dieses Verhältnis war in der Familie „legal", hatte es doch einigen Nutzen. Die Verbindung meiner Eltern wurde hingegen immer infrage gestellt und es gab viel Zank deswegen. Diese Tante spielte dabei keine unbedeutende Rolle. Wenn Mutter sauer auf ihre Schwester war, charakterisierte sie ihre Schwester als belastend. Ob das alles so stimmt, muss ich heute infrage stellen, denn meine Mutter lebte in ihrer eigenen Wahrheit. Sie log gekonnt, was zu den Symptomen ihrer Krankheit gehörte, die ihr zum Verhängnis werden sollte. Sie hat sich wohl in ihre eigene Welt geträumt und damit ihr Trauma verdrängt.

Tante Annelie war die Älteste, nachdem der Halbbruder im Krieg in Marseille gefallen war. An dritter Stelle kam meine Mutter, die im ewigen Schatten ihrer Schwester aufwuchs, verträumt und angeblich weniger „gescheit". Onkel Adolf kam danach; bewusst wurde er mir als „großer Bruder", der mich immer beschützte, wenn ich wieder mal eine Tracht Prügel von der Oma Anna beziehen sollte. Er sollte der einzige Mann in meinem Leben sein, der mich beschützt hat. Ich habe ihn geliebt. Leider haben wir uns verloren, als er mit nach Hannover ziehen musste. Wie ich später erfuhr, war Jena für ihn die einzige Heimat, die er je hatte, in Hannover hat er sich nie zu Hause gefühlt. In Jena spielte er Fußball und hatte hier seine Freunde. Er starb vor einigen Jahren an Leberzirrhose, ein Alkoholiker wie sein Vater. Das genaue Datum weiß ich nicht, denn wir hatten keinen Kontakt mehr. Von seinem Tod erfuhr ich durch meine Halbschwester Petra, die noch als Einzige zur ehemaligen Westverwandtschaft Kontakt hielt, was später ein jähes Ende nahm.

Meinen fünften Geburtstag verbrachte ich in einem Kinderheim in Gernrode im Harz, wo die Eltern eine Zeit lang als Erzieher arbeiteten, nachdem sie ein zweites Mal geheiratet hatten. Hier lebten Kinder, die nach dem Krieg Vater und Mutter verloren hatten, was ich damals nicht wusste. Heute ahne ich, wie sie mich beneidet haben müssen und deshalb um mich buhlten. Für mich war es eine schöne Zeit, denn ich lebte endlich bei beiden Eltern und mein Vater war immer da. In dem Heim, das ein ehemaliges Gut war, umgeben von Mauern aus dicken Steinen, über die man klettern konnte, fühlte ich mich frei wie ein Vögelchen. Kletterte man über die Mauern, befand man sich auf einer wilden Wiese umgeben von hohen Bäumen, die meine Fantasie anregten. Ich stellte mir vor, in einem Märchenwald zu sein, wie das Rotkäppchen. Wir lebten in den ehemaligen Gesindehäusern, die so niedrig waren, dass ich von draußen durch das Fenster in unsere Wohnung steigen konnte. In mir steckte eine kleine Abenteurerin, denn ich liebte es zu klettern, besonders da, wo es verboten war. Schon damals wählte ich gern abenteuerliche Wege.

Ich überraschte Mutter vor meinem fünften Geburtstag in der Heimküche, wo sie für mich einen Frankfurter Kranz backte. Sie tat geheimnisvoll und wollte nicht verraten, für wen die Torte sein sollte. Es war ihre erste Torte, die sie backte. Neugierig schlich ich um sie herum. Mir lief das Wasser im Mund zusammen. Sie warnte mich, nicht zu naschen. Leider konnte ich der Versuchung nicht widerstehen. Als sie weg war, schlich ich zurück in die Küche und mit den Fingern war ich schneller als mein Kopf, und ehe ich mich versah, hatte ich an der Torte deutliche Spuren hinterlassen.

Der Geburtstagmorgen brach an und dann kamen die ersten Heimkinder mit einem kleinen Geschenk. Ich hörte, wie meine Mutter die Kinder barsch abwies und sagte, dass sie von ihnen enttäuscht sei und keine Geschenke für mich wolle. Davon bekam ich nicht viel mit, jedenfalls machte ich mir keine Gedanken und freute mich sehr auf die Torte, die es aber nicht gab. Später bekam ich mit, dass sie die Kinder beschuldigte, an der Torte genascht zu haben, und ich verkroch mich schuldbewusst wie ein Kätzchen hinter ihren Rock. Das war aber noch nicht alles.

Es kam der nächsten Morgen, ein Montag, an dem es immer einen Appell gab. Ich stand neben der Mutter und in der Mitte, wo der Mensch stand, der den Appell lenkte, sah ich noch zwei Jungen wie am Pranger stehen. Die angenaschte Torte stand für alle sichtbar auf einem dafür aufgestellten Tisch. Die Jungs waren vielleicht zwölf Jahre alt und wurden beschuldigt, an der Torte genascht zu haben. Ich wurde immer kleiner und war wie vor den Kopf geschlagen. Wie kamen diese Erzieher darauf? Ich schäme mich dafür bis heute. Das war so gemein und ich schwieg. Was wäre passiert, wenn ich die Wahrheit gesagt hätte? Meine Eltern wären die Blamierten gewesen. Ob ich so weit gedacht habe? Ich weiß es nicht mehr. Habe ich unbewusst geschwiegen? Diese Geschichte habe ich nie vergessen. Denke ich heute daran, dann tut es mir leid. Vielleicht hat auch das dazu geführt, dass ich mich später in der Schule für Unrecht und schwache Schüler eingesetzt habe. Eins habe ich dabei wohl gelernt, nämlich wie schnell es zu falschen Beschuldigungen kommen kann. Welche Strafe die Jungs bekamen, weiß ich nicht. Sie mussten den Kuchen vor sich hertragend fortgehen – wie peinlich für die beiden und wie ungerecht!

In Erinnerung bleibt mir auch, wie die Kinder hochsahen, wenn wir wandern gingen und ich auf den Schultern meines geliebten Vaters saß. Ich fühlte mich wie eine Prinzessin und war glücklich. Dann hatten wir Läuse. Die Oma kam aus Jena angerauscht und nahm mich mit, um mir die Läuse auszutreiben. Stundenlang kämmte sie mir meine Schnittlauchlocken mit dem Läusekamm.

Als ich nach Gernrode zurückkam, war das nur von kurzer Dauer. Es war noch in meinem fünften Lebensjahr, oder war ich schon sechs, als meine Mutter mit mir eines Tages ohne Erklärung in einem Zug von Gernrode wegfuhr? Unsere erste Etappe endete in einem Kinderheim in Arnstadt, wo es süße Graupensuppe gab. Die war so ekelig. Ich aß gern Graupensuppe, aber die von der Oma, die war herzhaft und sehr lecker. Nach dieser kurzen Zwischenstation fuhren wir mit einer Bimmelbahn (so wurde die Bahn genannt) nach Ichtershausen, fünf Kilometer von Arnstadt entfernt, wo wir zeitweise in eine Interimswohnung einquartiert wurden. Ichtershausen hieß im Mittelalter Ochtrichshusen, so lernte ich es im Heimatkundeunterricht. In der evangelischen Kirche soll es einen unterirdischen Gang gegeben haben, der bis zur Wachsenburg geführt haben soll. Als die Pest ausbrach, sind die Menschen angeblich durch diesen Gang geflüchtet. Die Entfernung zwischen beiden Orten muss schätzungsweise zehn Kilometer betragen. War das ein Märchen, eine Sage? Mich hat diese Geschichte als Kind fasziniert.

Wir zogen in eine komfortable Baracke ein, mit zwei Etagen, zwei Zimmer für uns und eine Gemeinschaftsküche. Ichtershausen war bekannt durch das Nadelwerk, das alle Nadeln für das Inland und den Export der DDR herstellte. Es soll heute nur noch als Museum existieren. Ichtershausen war damals ein Dorf mit einer langen Straße, an der rechts und links Bauernhöfe und kleine Geschäfte wie aufgefädelt standen. Es gab eine evangelische und eine kleine, neu gebaute, katholische Kirche, ein Jugendgefängnis neben der Kirche, das mal ein Kloster war, und einen Park, bei dem das kleine Gemeindehaus stand. Unweit davon befand sich die Feuerwehr. Zwischen Feuerwehr und Gemeindehaus war die Endstation der Bimmelbahn. Von hier aus konnte man mit der Bimmelbahn zurück nach Arnstadt fahren. Es gab auch eine LPG (Landwirtschaftliche Produktionsgenossenschaft) und eine MTS (Maschinen-Traktoren-Station). Natürlich gab es einen Bäcker, einen Fleischer, einen Konsumladen, einen Schuhladen, eine Eisdiele und den Tante-Emma-Laden des Herrn „Soßenmobs", wie ihn die Mutter nannte. Einmal schickte mich meine Mutter dorthin, um etwas zu kaufen. Sie sagte: „Gehe mal zu den Soßenmobs und kaufe Nudeln und Senf." Ich ging brav hin und sagte: „Guten Tag, Herr Soßenmobs." So war ich damals! Er hieß Lehmann.

Mein Vater arbeitete zu dieser Zeit als Erzieher im Jugendgefängnis. Jahre später erfuhr ich, dass er dorthin bis zu seinem Prozess strafversetzt war, was aber nicht stimmte, auch das war eine Lüge, der Mutter. Eine Episode, die ich ganz am Anfang unseres unfreiwilligen Zuzugs in dieses Kaff erlebte und die sich schicksalhaft einprägte, war eine Begegnung. Gegenüber von unserem neuen, behelfsmäßigen Zuhause befand sich der Bauernhof der Familie Schmidt. Zu ihnen gehörte eine Tochter, Renate, mit der ich mich angefreundet hatte. An einem schönen Nachmittag ging ich rüber zum Tor der Schmidts, um mit Renate zu spielen. Am Tor stand ein großer, schlanker Mann. Er schaute zu mir herunter und ich bekam einen Schreck. Es durchzuckte mich blitzartig und ich wollte fort, so unangenehm fühlte ich mich neben diesem Mann. Wie konnte ich ahnen, dass vor mir der zukünftige Stiefvater stand?

An meinen Vater kann ich mich in dieser Zeit kaum erinnern. Eines Tages war er weg und die Mutter von ihm schwanger. Erst viel später erfuhr ich, warum er nicht mehr da war. Es war die schlimmste Lebenslüge, die man einem Kind antun kann. Er war angeblich ein Vergewaltiger und dafür wurde er verurteilt. Mein Vater war jedoch unschuldig und wurde nach zwei Jahren zum Glück rehabilitiert. Später mehr zu diesem Ereignis, das mein ganzes Leben auf den Kopf gestellt hat, mir den Vater nahm und dazu führte, mich schon als Kind vorzuverurteilen durch die Mutter und den Stiefvater. Zu dieser Zeit muss sich eine große Angst vor dem Verlassenwerden in mir eingeprägt haben, die dazu führte, dass ich immer wieder von Menschen, die mir etwas bedeutet haben, im Stich gelassen wurde, besonders von einem Teil der Familie, die mir das Liebste war und noch immer ist.

Unsere nächste Wohnung befand sich in den ehemaligen Klosterhäusern beim Jugendgefängnis. Das Gefängnis war ein ehemaliges Kloster und befand sich direkt neben der evangelischen Kirche. In der Wohnung gab es ein Plumpsklo mit einem Fenster. Zu gern kletterte ich durch dieses Fenster, stieg auf die ehemalige Klostermauer, um in den Kirchgarten zu springen und wieder zurückzuklettern. Wenn man auf das Klo wollte, musste man durch das Schlafzimmer. Vom Schlafzimmer kam man in ein kleines Wohnzimmer, dann über vier Stufen in die Küche und von der Küche über vier Treppen hinunter in einen langen, schmalen Flur, der direkt auf den Vorhof zum Gefängnis führte.

Auf dem Küchenschrank stand eines Tages ein Foto von einem Mann in amerikanischer Uniform. Darauf erkannte ich den Mann, dem ich am Tor vor Schmidts Bauernhof begegnet war. Ich fragte meine Mutter, wer das sei, und sie antwortete: „Das ist Dein Vater." Mir blieben die Worte im Hals stecken und ich sagte nur: „NEIN, das ist nicht mein Vater." Ich weiß nicht mehr, was ich damals dachte. Tage später kam plötzlich die Oma aus Jena zu Besuch. Das tat sie immer mal, um meiner Mutter zu helfen. Diese Hilfe bestand hauptsächlich aus Moralpredigten. Abends kam dann noch dieser Mann dazu. Er hatte eine große Orange in der Hand und die Oma sagte: „Gib ihm einen Kuss und die Hand, das ist jetzt Dein Vater." Inzwischen hatte ich gelernt, Erwachsenen nicht zu widersprechen. Ich tat es wohl für meine Mutter, die ich oft weinen hörte. Meinen Bruder brachte sie in Jena in der Universitätsklinik am 4. Mai 1954 zur Welt und die Oma begleitete ihre Tochter in den ersten Wochen. Ich weiß nicht, wo ich in dieser Zeit war, es fällt mir einfach nicht ein. Der Großvater saß da schon sein erstes Jahr im Gefängnis ab, genau wie mein Vater. Alles, was in diesem Jahr geschah, muss für mich so unglaublich gewesen sein und ich habe es wohl einfach ausgeblendet. Kinder können sich so schützen. Es kommt mir vor, als steckte ich damals in einem Vakuum.

Eines Tages war Mutter mit meinem Bruder da, den sie nach unserem Vater nannte, Wolfgang. Ich liebte dieses Brüderchen sehr und liebe ihn auch heute noch, obwohl wir nicht immer einer Meinung waren, als wir älter wurden. Er war so niedlich mit seinen braunen Augen und runden Wangen. Er schrie selten, er war lieb. Wo er lag, da lag er, und später sagten wir, wo er sitzt, da sitzt er, und wenn es drunter weich und warm wurde, störte ihn das nicht.

Ich habe mich irgendwann daran gewöhnt, dass der fremde Mann nun immer da war. Nie habe ich mich in seiner Gegenwart wohlgefühlt und unsere Beziehung war spürbar belastet. Das lag auch daran, dass er sich keine Mühe gab, mich richtig kennenzulernen. War er anwesend, nahm ich mich in Acht und stand unter Spannung aus Angst davor, was man mir wieder mal vorwerfen könnte. Es gab eine Meinung über mich und danach wurde ich vorverurteilt. Das hing mit meinem leiblichen Vater zusammen, dem ich angeblich so ähnlich war und in dessen verruchte Fußstapfen ich treten würde. Das stand fest wie das Amen in der Kirche. Dieses Vorurteil bestimmte mein weiteres Leben und das Verhältnis zu diesem fremden Mann. Ich wollte um alles in der Welt beweisen, dass ich nicht so bin. Aber ich war jung, neugierig, wissbegierig, wollte geliebt werden, hatte einen gewissen Schalk in mir und ich war abenteuerlustig. Dazu kam dieses Helfersyndrom, das ich schon früh unbewusst kultiviert habe. Es wurde mir in die Wiege gelegt oder war es eine unbewusste Strategie, um geliebt zu werden? Irgendwie habe ich meine Mutter oft sehr hilfsbedürftig erlebt. Wenn sie traurig war, putzte ich schon als Kind die Fenster, weil sie beim Fensterputzen viel weinte. Später bügelte ich den Wäschekorb leer mit Wäsche von fünf Personen. Wenn sie mir vom Krieg erzählte, kamen mir die Tränen und ich träumte dann schon mal von einer Bombennacht und rannte um mein Leben. In der Psychologie nennt man das eine emotionale Übertragung. Das Leid meiner Mutter hat sich tief in mir verinnerlicht und ich war unbewusst zu allem bereit, um ihr das Leben erträglich zu machen. Was musste ich ihr erträglich machen? Wie spürt das ein Kind? Man spürt es eben. Ging es meiner Tochter später mit mir ebenso? Sie wehrt sich, indem sie heute nicht mehr mit mir spricht. Ich konnte mich nicht wehren, und wenn ich mich wehrte, wurde ich mit Hausarrest bestraft oder ich wurde mit erniedrigenden Worten rausgeschickt.

Im September 1955 kam ich mit sieben Jahren in die Schule. Die Zuckertüte war voll mit Leckereien aus dem Westen. Ich musste ein total hässliches Kleid anziehen, blau-weiß kariert, und ich trug noch immer diesen Topfschnitt. Bis heute verstehe ich nicht, wenn ich Bilder aus dieser Zeit sehe, warum die mich im Dorf beneideten und mir „Stolze" oder „Schwarze" hinterherriefen. Ich fand mich total hässlich. Vielleicht lief ich tatsächlich stolz durch die Gegend, weil ich mir so fremd vorkam und so verletzt war. Es sollte keiner merken, wie einsam ich mich fühlte. Damals stand schon für mich fest, dass ich nicht in diesem Dorf bleiben würde, da war ich mir ganz sicher.

Die 1. Klasse befand sich in einer Baracke in der Wachsenburgstraße, in der auch später unser Haus stand, ein Neubau der Gemeinde. Die erste Lehrerin hieß Fräulein Rath, klein, rundlich und altmodisch gekleidet, aber sehr lieb, wie Grundschullehrerinnen waren. Später zogen wir in ein aus roten Steinen gebautes Schulhaus, genannt „die alte Schule". Ab der 7. Klasse bekamen wir eine neu erbaute Schule, die Polytechnische Oberschule „Rudolf Teichmüller", die es noch heute gibt.

Ich ging gern in die Schule und die Lehrer mochten mich. Das Lernen fiel mir nicht schwer bis auf Rechnen, sowie später die höhere Mathematik und das Fach Russisch. Nie hätte ich gedacht, dass ich diese Sprache einmal brauchen würde und irgendwie arrangierte ich mich damit.

Natürlich wurde ich Pionier mit einem blauen Halstuch. Deswegen ist das Theater zu Hause unvergesslich. Ich sollte da nicht mitmachen. Nun erst recht!, muss ich gedacht haben. Wir hatten auch keine andere Wahl, das war staatlich verordnet und ich wäre die totale Außenseiterin gewesen, hätte nicht dazugehört. Später ging ich auch in die FDJ, da mussten wir alle rein. Ich war immer Schriftführerin und damit hatte ich meine Funktion, bei der ich mich irgendwie neutral fühlte und trotzdem dabei war.

Meine Oma und meine Mutter sprachen ein korrektes Hochdeutsch und sie legten großen Wert darauf, dass ich auch deutlich und klar spreche. Der Stiefvater sprach nur halbe Sätze und darin fehlte nicht selten der Satzgegenstand. Den übersprang er und war gleich bei der Satzaussage. Mutter konnte diese Art seiner Sprache in den späteren Jahren nicht mehr ertragen. So ist das, solange man verliebt ist, nimmt man vieles in Kauf. Schwindet die Liebe, können solche kleinen Defizite der Auslöser für Beziehungskonflikte sein. Im Dorf sprachen nur wenige ordentlich und dabei sprachen sie die Sätze in einem fürchterlichen Singsang. Dieser Erfurter Dialekt klingt schrecklich im Gegensatz zu dem Suhler Dialekt, den ich sehr liebe. So ganz konnte ich mich dieser Intonation nicht entziehen, denn als ich in Gotha studierte, wurde ich deswegen von denen, die aus der Berliner Gegend kamen, gehänselt. Man hört sich selbst nicht und denkt, dass man gut klingt.

Wir zogen erneut um. In Ichtershausen wurden die ersten Neubauhäuser fertig gebaut, und da Vater Gerhard Arbeiter und bei der Feuerwehr war, sein Vater ein alter Kommunist, standen wir mit oben auf der Liste, die in so ein Haus einziehen durften. In der DDR konnte man nicht einfach umziehen und sich eine Wohnung wählen, die den eigenen Bedürfnissen entsprach. Für die damaligen Verhältnisse bedeutete diese Wohnung eine bessere Lebensqualität und wir hatten hinter dem Haus einen Garten. Von dort aus konnte man auf weite, ausgedehnte Felder sehen, die sich bis zum Horizont ausbreiteten, und ganz hinten am Horizont sah man die Wachsenburg, eine von den „Drei Gleichen"; die anderen waren und sind die Mühlburg und Burg Gleichen. Schon damals verlief die Autobahn zwischen der Mühlburg auf der einen Seite und der Burg Gleichen auf der anderen Seite. Später, als Jugendliche, machten wir viele Radtouren dorthin, was ich immer heimlich mitmachte. Die Eltern hätten es verboten.

In dieser Zeit wurde mir eines bewusst, nämlich der Widerspruch zwischen dem was die Erwachsene sprachen und dem was sie taten. Der Vater Gerhard war in der SED, weil er glaubte, dass mit dem Sozialismus die Welt besser würde. So dachten viele. Mit den Jahren hörte ich immer mehr widersprüchliche Sätze, zum Beispiel: „So haben wir das nicht gewollt." Ich durfte keine Fragen stellen; wenn ich es doch tat, wurde gesagt, das gehe mich nichts an. Am Tisch war beim Essen Schweigen angesagt. Es durfte nicht diskutiert werden, nur die Eltern sprachen. Als ich älter war, konnte ich mir ab und zu nicht verkneifen, den Vater Gerhard zu korrigieren, vor allem, wenn er geschichtlichen Unsinn erzählte. Damit machte ich mich eines schlimmen Vergehens schuldig. Einerseits bekamen wir die Neubauwohnung, wohl für die Verdienste seines Vaters, der noch heute in der Chronik des Nadelwerkes geehrt wird. Dieser Mann hatte den Krieg überlebt und kam danach bei einem tragischen Unfall ums Leben, sodass ich ihn nie kennengelernt habe. Vater Gerhard selbst war zwar in der Partei, weigerte sich aber bis zu seinem Tod, diesbezüglich Verantwortung zu übernehmen, was jede Karriere verhinderte. Er blieb lieber ungebildet, als seinen Kopf anzustrengen. Diese Einstellung beruhte darauf, dass sein Bruder bei einem Agitationseinsatz der KPD nach dem Ende des Krieges in einer westlichen Besatzungszone zusammengeschlagen wurde.

Onkel Hans, den ich sehr mochte, trug von diesem Einsatz und den Folgen der Prügelei ein Gehirntrauma davon. Er war ein stattlicher Mann, dem man die Krankheit nicht ansah. Mich akzeptierte er so, wie ich war, dafür mochte ich ihn. Es gab in seiner Gegenwart ein Tabu: Es durfte nicht über Politik gesprochen werden. Sein Bewusstsein veränderte sich durch sein Trauma plötzlich, wenn er in eine politische Diskussion verwickelt wurde. Dann sprang er schon mal hinterher aus dem Fenster im zweiten Stock seiner Wohnung und Bruder Gerhard suchte ihn dann die halbe Nacht. Vater Gerhard schlussfolgerte daraus, zu viel Wissen kann verrückt machen. So interpretierte es meine Mutter, als sie schon frustriert war, weil alle Familien langsam zu Wohlstand kamen und wir aus ihrer Sicht nicht.

Heute ist mir klar, dass Onkel Hans traumatisiert war und in Verbindung mit politischen Gesprächen ein Flashback bekam. Das passiert, wenn ein Trauma nicht verarbeitet werden kann. Damals gab es noch keine Traumatherapeuten.

Unsere Neubauwohnung hatte noch keine Fernheizung. Es gab ein Bad mit Toilette, einem Wasserboiler und einem Ofen darunter neben der Badewanne, der jeden Freitag zum Baden angeheizt wurde, und dann ging es abwechselnd in die Wanne. Wir hatten ein Kinderzimmer, das ich mir mit meiner Halbschwester, die ein Jahr später am 27. September 1956 geboren wurde, teilte. Im Winter hatten wir zugefrorene Fenster und die Wände hatten Raureif, der glitzerte, so kalt war es in dem Raum. Es stand zwar ein kleiner Ofen in dem Zimmer, der aber nie beheizt wurde. In dem Kinderzimmer standen zwei Betten, ein Kleiderschrank und eine Frisierkommode. Es war die Kommode meiner Oma, an der sie mir immer mit der Brennschere Locken in die Haare brannte. Mir gehörte nichts außer ein paar kleinen Püppchen und ein paar wenigen Büchern, die mir Tante Annelie schickte, als ich lesen konnte. Ich hütete sie wie meinen Augapfel. Dann gab es noch ein Märchenbuch, das nun wieder in meinem Besitz ist und total zerlesen und zerfleddert ist. Alles andere wurde geteilt und weggeworfen, wenn ich es nicht vorher retten konnte. Mit dem, was Kinder und Jugendliche heute besitzen, kann man diese Zeit nicht vergleichen. Wir hatten kein Telefon, kein Handy, noch keinen Fernseher. Wir hatten Natur pur und waren jeden Tag draußen an der frischen Luft, wo wir mit dem Kreisel spielten, „Zehn Rosen", einem Ballspiel, und später kam Völkerball dazu. Wir waren jung und glücklich. Den Sommer über waren wir im Schwimmbad. Ichtershausen hatte das schönste Schwimmbad, das von allen aus der Gegend ringsherum besucht wurde. Hier spielte sich unser Jugendleben über den Sommer ab. Wir waren eine analoge Generation, der es an nichts zu fehlten schien, denn es war Frieden, wenn er auch nicht in allen Herzen herrschte.

Im Wohnzimmer gab es einen Kachelofen und in der Küche einen Herd, auf dem auch gekocht wurde. Meine Mutter war zu dieser Zeit glücklich und wir sangen oft alte Volkslieder. Als die Halbschwester geboren wurde, kaufte Vater Gerhard einen Plattenspieler mit Radio. Er schenkte seiner Frau diese Anlage, und als sie mit meiner kleinen Schwester nach Hause kam, spielte er das Lied: „Wenn der weiße Flieder wieder blüht". Die Schwester wurde Petra genannt. Eines Tages erzählte mir die Mutter, dass mein Stiefvater gesagt hatte: „Meine Tochter wird mal ganz anders als die Sigrid." Ich fühlte, wie böse er das meinte. Das traf mich tief, doch er sollte sich dafür später entschuldigen müssen. Die Schwester aus der Ehe mit Vater Gerhard wurde anders, jedoch nicht wie er erhoffte. Und ich wurde nicht so, wie er es prophezeit hatte.

Das Leben war für mich ein Auf und Ab. Wie ich das manchmal überstanden habe, ist für mich heute ein Wunder. Kinder haben eigene Schutzschilde, die sie befähigen, die Welt mit ihren Augen zu sehen, und da ist auch Staunen und Sich-Wundern dabei, vieles, was auch wieder heilt. Mit zehn Jahren hatte ich die Gelbsucht und musste ins Krankenhaus nach Arnstadt. Dort lag ich mit anderen Mädels in einem Quarantänezimmer. Die Eltern durften mich nur durch ein kleines Fenster, das in der Tür war, sehen und mit mir sprechen. Mir selbst ging es nicht schlecht und Heimweh hatte ich nicht wirklich. Dass ich krank war, zeigte sich am Stuhlgang, der zu hell war, und der Urin sah aus wie Kaffee. In meinen Augen sah das Weiße gelblich aus. Ich musste drei Monate im Krankenhaus bleiben und dabei wurde es Weihnachten. Ich freundete mich mit einem Mädchen an, Ingrid. Wir hatten allerhand Blödsinn im Kopf, der meistens in meinem Kopf entstand. So schmierten wir mal die Türklinke mit Zahnpasta ein und hatten einen großen Spaß, als die Nachtschwester kam und ihre Hände voller Zahnpasta bekleckert waren und mit uns Schlingeln zum Glück mitlachte. So lernte ich, dass man auch über kleine Streiche lachen kann und nicht gleich bestraft wird.

Endlich durfte ich wieder nach Hause und es gab eine große Entschädigung. Im Wohnzimmer stand ein Fahrrad, das mir gehören sollte, mir ganz allein. Mein Herz machte einen Freudensprung, den man natürlich nicht sehen konnte. Dieses Geschenk war eine Idee vom Stiefvater, der durchaus auch gute Seiten hatte. Dafür konnte ich ihn sogar spontan umarmen. Seit dieser Zeit hat sich unsere Beziehung etwas entspannt. Er selbst hatte ein uraltes Fahrrad, auf dem ich das Radfahren lernte. Ich nannte mein Fahrrad der Marke Diamant, es war rot, Conny. Sie war zeitweise meine Lieblingssängerin, die ich bei Radio Luxemburg hörte. Damals hieß sie Conny Froboess und jetzt nannte ich mein Fahrrad auch so. Ich war glücklich und das Fahrrad begleitete mich viele Jahrzehnte bis nach Dresden. Mit diesem Fahrrad fuhr ich oft allein durch die schöne Thüringer Landschaft über Molsdorf, Thörey, Neudietendorf und wieder zurück. Auf meiner „Conny" fühlte ich mich frei und ließ mir den Wind um die Ohren wehen.

Durch Ichtershausen floss ein Flüsschen, die Gera. Sie zog ihre wässrige, plätschernde Bahn durch einen Naturflecken, die Eischleber Ecke, mit vielen Obstbäumen. Bäume mit Pflaumen, Äpfeln, Birnen und Kirschen, die es da zu klauen und zu naschen gab. Mit den Freunden bin ich dort oft herumgestreunt. Wir kletterten auf die Bäume, die Früchte wurden natürlich gepflückt und landeten in unseren Mägen. Dabei fühlten wir uns wie kleine Abenteurer. Im Winter war das Flüsschen Gera zugefroren. Wir hatten damals noch richtige Winter mit viel Schnee. Einmal lag so viel Schnee, dass die Schule geschlossen wurde. Damit wir nicht auf dumme Gedanken kamen, wurde beschlossen, dass wir für alte Leute einkaufen gingen und Kohlen für sie aus dem Keller holten. Wir hatten alle noch Kohlen- und Kartoffelkeller. Im Keller roch es immer muffig und ich ging nicht gern in den Keller.

Als ich älter wurde, bekam ich auch ein paar alte Schneeschuhe, mit denen ich allein durch die verschneiten Felder fuhr. Die Schneeschuhe hatten eine einfache Lederbindung, die schlecht saß und sich beim Laufen löste, was ein zügiges Laufen behinderte. So war das, und trotzdem war es schön, ich kannte es nicht anders. Ich war gern allein, weil ich dann machen konnte, was ich wollte, niemand aufpasste und mich kritisierte oder belehrte. Sicher haben es die Eltern gut mit mir gemeint. Sie waren unsicher, schließlich war ich das erste Kind meiner Mutter und der Stiefvater hinterfragte jedes Handeln von mir, nur mit einem negativen Ergebnis. Die Geschwister waren viel jünger, immer dabei, und ich war für sie verantwortlich. Ich hatte immer große Angst, etwas falsch zu machen, weil ich dann so bewertet wurde, als wäre ich ein böses Mädchen. Es musste alles geteilt werden. Als ich mir mal eine ganze Praline in den Mund steckte, wurde ich sofort reglementiert, weil ich das kleine Ding nicht mit den zwei Geschwistern geteilt hatte. Mich trafen diese Worte, die dann fielen, bis ins Mark. Als wir in der Schule die Uhr lernten, mussten wir uns eine Uhr basteln. Meine Uhr sah schrecklich aus, keiner half mir. Die Geschwister durften sich später so eine Uhr im Papierladen kaufen. Das war mit vielem so. Wenn ich mit meinen Geschwistern ins Schwimmbad ging, bekam jeder von uns ein Snackpaket mit. Da war immer das Gleiche drin, Brot mit Knackwurst und Kuchen. Ich aß lieber Wurst und mein Bruder lieber Kuchen. Klar, dass er den Kuchen bekam und ich seine Wurst.

Am Abend wurde gefragt, ob jeder seinen Snack aufgegessen hatte, und mein ahnungsloser Bruder erzählte freudig und bedenkenlos von dem Tausch. Ich bekam wieder eine Moralpredigt und dieses unglaubliche Verhalten wurde an den Pranger gestellt. Gelernt habe ich nichts davon, ich fiel immer wieder durch solche Kleinigkeiten auf. Ich empfand das als ungerecht und als Lappalie. Trotzdem hatten wir drei auch viel Spaß, wenn wir unbeaufsichtigt waren. Meine Geschwister wurden jeden Abend von mir ins Bett gebracht, dann erzählte ich ihnen Märchen oder wir sangen Lieder zur guten Nacht. Wir hatten sehr lange eine innige Beziehung, die sich nach dem Tod unserer Mutter veränderte. Zu meiner Halbschwester habe ich kaum noch Kontakt, wir sind uns fremd geworden. Sie lebt heute ihr eigenes Leben in Wiesbaden. Mit meinem Bruder bin ich wieder im Reinen. Uns verbindet sehr viel und wir sind gern zusammen. Wir können stundenlang über Gott und die Welt reden. Erinnern wir uns an das Leben in der Familie, als wir Kinder waren, ist es, als wäre jeder in einer anderen Familie aufgewachsen. So verschieden können die Sichtweisen sein, wenn der Altersunterschied ein paar Jahre beträgt.

Als ich 14 Jahre alt war, bin ich am liebsten zum Schwimmen zur Kiesgrube gefahren, die sich zwischen Rudisleben und Ichtershausen befand. Dort schwamm ich auch mit meinem Bruder. Später erzählte er mir, dass ich ihn beim Schwimmen dort aufgeklärt hätte, obwohl ich noch gar keine praktischen Erfahrungen besaß. Hier trafen wir uns auch mit Jungs, flirteten und waren ganz aufgeregt, wenn ein Junge uns nachsah. Auch ich war verliebt. Ich war in einige Jungs verliebt, und das Herz klopfte, wenn mir mein heimlich Auserwählter begegnete. Dann schaute ich woanders hin, damit es nicht bemerkt wurde.

In der 8. Klasse hatten wir staatlich verordnete Jugendweihe. Was für eine Aufregung! Ich wäre am liebsten nicht hingegangen. Alle Mädels trugen schöne bunte Kleider mit Petticoats, das war damals schick und modern. Mir wurde aus Trevirastoff, natürlich aus dem Westen, ein Kostüm geschneidert, Farbe Kuhscheißegrün, Kaki. Was sollte ich machen? Widerspruch war ausgeschlossen. Die Anzieherei war auch so ein Thema. Meine Mutter bestimmte lange, was ich anziehen musste. Dabei hatte ich so schöne Sachen aus dem Westen, zwar alles gebraucht, das wusste aber keiner. Im Winter musste ich dicke warme Hosen, Liebestöter, unters Kleid anziehen und ein BH wurde mir verboten, dabei hätte ich den früher als andere Mädchen benötigt, denn meine Rundungen wurden so viel deutlicher bemerkt und ich lief Spießruten, weil die Jungs ständig auf den Busen sahen. Wir waren damals sehr schüchterne Mädchen, anders als die Mädchen heute sind. Oft zog ich mich vor der Schule wieder um, wenn die Mutter zur Arbeit ging und aus dem Haus war. Wie jeder Teenager war ich auch eitel.

Zur Jugendweihe trug ich noch einen Pferdeschwanz. Wir hatten inzwischen auch einen Fernseher, „Berolina", so ein viereckiger brauner Kasten mit dickem Bildschirm, der ganze Stolz der Eltern. Er wurde gehütet, am Tag immer ausgeschaltet und die Stecker gezogen, weil wir ohne Einwilligung nicht fernsehen durften. Ich musste jeden Tag nach dem Sandmännchen mit Petra und Wolfgang ins Bett. Das war ungerecht. Einen Film, der Titel ist mir entfallen, durfte ich sehen. Es war der erste Spionagefilm mit Jürgen Frohriep und seiner Frau Katja, einer Ungarin. Ihr wurden in dem Film die Haare kurz geschnitten. Am nächsten Tag hatte ich raspelkurze Haare und sah Katja etwas ähnlich. Ich empfand mich als wahnsinnig schick und bemerkte verwundert, dass die Eltern nicht meckerten.

In jedem Jahr gab es in Arnstadt einen „Rummel" mit Karussells. So auch in diesem Jahr meiner Jugendweihe. Inzwischen durfte ich auch schon mal allein los, und da ich als Arbeiterkind ab der 9. Klasse ein Taschengeld von 25 DDR-Mark bekam, konnte ich mir die Buskarte selbst kaufen und fuhr eines Sonntags nach Arnstadt. Für mich war das Bummeln durch Arnstadt wie ein Stück größere Welt. Ich traf eine ältere Schülerin, die inzwischen in Arnstadt ihr Abitur machte, und durch sie lernte ich an diesem Tag W. kennen. Es schlug wie ein Blitz bei mir ein. Er war ein 17-jähriger Abiturient und interessierte sich wie ich für Kunst, las die gleichen Bücher, war größer als ich und sah einfach toll aus mit seinen braunen Haaren und wunderschönen Augen. Ich schwebte im siebenten Himmel. Wir redeten lange und vergaßen die Zeit. Als ich nach Hause musste, vergaßen wir uns zu verabreden. Das war an einem Sonntag.

Am Montag hatte ich in Arnstadt einen Termin in der Physiotherapie, im Marienstift. Mit zwölf Jahren hatte ich einen Unfall mit Rollschuhen gehabt, natürlich Rollschuhe aus dem Westen. Seitdem versagten mir die Knie, wenn ich stolperte. Es folgte eine Operation, bei der man feststellte, dass meine Knorpel im Knie beschädigt waren, daraus wurde später Arthrose. In der DDR gab es noch nicht die Medikamente, die man heute hat, die den Knorpel wiederaufbauen. Nach der Therapie ließ mich mein Herz durch Arnstadt laufen und ich wünschte mir, W. zu begegnen, und plötzlich kam er mir entgegen. Zum ersten Mal begriff ich, dass tief empfundene Wünsche erfüllt werden, wenn man sich stark auf seinen Wunsch konzentriert. Leider vergaß ich mir dazuzuwünschen, dass er verantwortungsbewusst und treu sein sollte.

Seitdem trafen wir uns immer, wenn ich in Arnstadt war. Einmal bummelten wir zum Friedhof von Arnstadt und fanden eine kleine Kapelle, in die wir uns setzten. Wir sprachen vor Aufregung kaum, dann begann er mir auf den Rücken zu schreiben: „Ich liebe Dich" und ich schrieb auf seinen Rücken: „Ich liebe Dich". Er schenkte mir ein Foto von sich, das ich zu Hause mit klopfendem Herzen versteckte. Man konnte dort nichts verstecken, denn meine Mutter kannte kein Tabu und sah ständig die Sachen durch und so fand sie auch das Foto. Die Folge war ein totales Verbot, mich mit diesem Jungen weiter zu treffen. Mir wurde klargemacht, was alles passieren könnte und ich diese Liebe beenden müsse. Ich weinte die ganze Nacht.

Inzwischen war es Frühling geworden und ich traf mich weiter heimlich mit W. Nach der Schule wanderten kleine Briefchen zwischen der Schule von Arnstadt und Ichtershausen durch Schülerboten hin und her. Das blieb unter den Mitschülern nicht unbemerkt und es wurde getuschelt. Dann trafen wir uns mal in der Nähe in dem Gutspark von Ichtershausen. Es war warm, regnete leicht und wir kamen uns sehr nahe, küssten uns unterm Regenschirm. Dann hörte ich, wie einige aus meiner Klasse, die uns heimlich gefolgt waren, sangen: „Unter einem Regenschirm am Abend".

Ein anderes Mal trafen wir uns an einem Waldrand und W. wollte nun mehr. Ich verkrampfte mich, wehrte ihn ab, denn ich hörte die Stimme der Mutter, was dazu führte, dass ich W. bat, das nicht zu tun, weil ich noch so jung sei. Heute weiß ich, dass die Mutter recht hatte, doch damals konnte ich sie nicht verstehen. W. akzeptierte das, aber er wurde anders. In der Woche darauf bei einer Chorprobe im Kulturhaus kam ein Mädchen auf mich zu und erzählte mir, dass sie W. mit „der Hure", so nannten wir ein Mädchen, das ein lockeres Leben führte und sich dafür nicht schämte, an der Bimmelbahn beim Küssen gesehen hätte. Ich fühlte mich geschlagen und verraten und ich sollte mich nicht das letzte Mal so fühlen. Von da an gab es keine Verabredungen mehr und er ging mir aus dem Weg. Wenn sich in Arnstadt unsere Wege kreuzten, tat er so, als würde er mich nicht sehen. Ich war am Boden zerstört und weinte mich jede Nacht in den Schlaf. Von da an waren die Jungs für mich gestorben. Ich glaubte, mich niemals wieder verlieben zu können.

In dieser Zeit gab es ein Gespräch zwischen meinen Eltern, das ich hören konnte, weil die Türen offenstanden. Der Stiefvater sagte: „Die Sigrid wird die 10. Klasse nicht schaffen, die hat bald einen dicken Bauch." Das erzählte mir meine Mutter am nächsten Tag. Sie verteidigte mich nicht und ich fühlte mich noch einmal verraten, es fühlte sich so grausam an. Erst viele Jahre später, vor seinem plötzlichen Tod, entschuldigte er sich, für alles, was er unberechtigterweise über mich gesagt hat. Vergessen kann ich es nicht und dies ist sicher ein Grund für meine spätere Unsicherheit bei der Wahl eines Partners.

In der Eischlebener Ecke gab es einen kleinen Felsen, unten plätscherte gemächlich das Flüsschen Gera über ausgewaschenes Geröll. Von dort aus konnte man weit über die Felder bis zu den „Drei Gleichen" sehen. Ich bin immer dort hingegangen, wenn ich traurig war, habe mich auf den Felsen gesetzt und gehofft, irgendwann nicht mehr so allein zu sein und so unverstanden. In dieses Bild kam ich später noch mal, als wir in der Ausbildung zum „Psychologischen Berater" eine Übung nach Hanscarl Leuner durchleben sollten. Wir standen im Kreis und sollten uns zurück in eine Zeit fühlen, wo wir einsam waren, und schauen, wer zu uns kommt, um uns zu trösten. Am Ende liefen mir die Tränen über das Gesicht, weil keiner einsam blieb. Zu mir war jedoch keiner gekommen, auch nicht meine Tante Ella. Denke ich heute darüber nach, wird mir bewusst, wie einsam ich mich zu dieser Zeit gefühlt haben muss, und trotzdem war mein Leben auch schön, denn ich habe die Gabe, mich nicht ewig zu bemitleiden, irgendwann kommt die Neugier auf das Leben zurück. Das ist auch heute noch so. Die Natur, in der ich mich gern befand, und das Lesen meiner Bücher haben mir geholfen, zu erkennen, dass kein Leben nur schlecht ist und dass das Leben ein Abenteuer ist. Schon früh interessierten mich andere Menschen, ihre Geschichten, und ich fand Vorbilder in den Büchern, die ich las, von Protagonisten, die es auch nicht einfach hatten.

Weihnachten war so eine schöne Zeit! In der Vorweihnachtszeit wurden Thüringer Stollen gebacken, für die Vater Gerhard zuständig war. Er hatte vor dem Kriege eine Bäckerlehre begonnen, die er nach dem Krieg nicht beenden durfte, weil Bäcker Hermann, der sein Lehrmeister war, im Arbeiter- und Bauernstaat keine Lehrlinge als privater Bäckermeister ausbilden durfte. Der Teig für die Stollen wurde zu Hause zusammengeknetet. Die würzigen Zutaten Rosinen, Mandeln, Zitronat schickte die Tante aus Hannover mit den ersten Geschenken. Es duftete nach Weihnachten und machte mich mal wieder sehr neugierig. Nachdem die Stollen geformt waren, brachte der Vater die Stollen zu Bäcker Hermann, wo sie in einem großen Ofen gebacken wurden. Die fertigen Stollen holte er in einem Handwagen ab und dann lagerten sie bis Weihnachten oben auf dem Küchenschrank.

Meine Mutter war für die Weihnachtsplätzchen zuständig. Ich durfte helfen und konnte schon mal naschen. Die Plätzchen kamen dann in Töpfe und sollten dort bis Weihnachten im Schlafzimmer in einer Ecke stehen bleiben. Das konnten wir Kinder kaum erwarten, und wie ich nun mal war, wurde immer mal wieder ein Plätzchen gemopst und es blieb nicht bei einem. Dieser Schwund wurde natürlich bemerkt und diesmal taten wir so, als würden wir uns auch wundern, welche Mäuschen sich da wohl bedient hatten. Die Geschenke waren immer im Kleiderschrank versteckt und ich fand alles, das verringerte jedoch nicht meine Freude.

In dieser Zeit sangen wir oft alle Weihnachtslieder von vorn bis hinten. Ich liebte diese Atmosphäre, weil es mal friedlich war. Mein Lieblingslied war „Leise rieselt der Schnee".

Am Weihnachtsabend versammelten wir uns in der Küche mit der Oma Bähr, das war die Mutter vom Vater Gerhard. Wir erzählten, sangen Weihnachtslieder und waren aufgeregt, wie es Kinder um diese Zeit sind. An den Weihnachtsmann glaubten wir nicht, doch das Spiel um Weihnachten war zu schön, um es zu rationalisieren.

In der Zwischenzeit wurde der Weihnachtsbaum von Vater Gerhard aufgestellt, geschmückt und mit echten Kerzen versehen, denen besondere Aufmerksamkeit galt. Das Besondere an diesem Baum waren immer die leckeren Schokoanhänger aus dem Westen. Meine Mutter bestückte den Weihnachtsteller mit Schokolade, einem Apfel, einer Orange, mit Nüssen für jedes Kind und dazu legte sie die Geschenke. Wenn das Glöckchen klingelte, durften wir in die Weihnachtsstube gehen. Da standen wir mit leuchtenden Augen. Bevor wir unsere Geschenke bewundern durften, hatte jedes Kind etwas vorzutragen. Ich sang natürlich „Leise rieselt der Schnee". Als wir älter waren, besuchten uns auch zu Weihnachten Tante Ella und Onkel Paul. Sie brachten einen Karpfen mit, der dann als „Karpfen Blau" serviert wurde. Am ersten Weihnachtstag gab es immer Kaninchen und Thüringer Klöße mit Rotkraut, eine Köstlichkeit von bester Güte. Die Klöße waren groß wie kleine Kinderköpfe, unglaublich, was wir damals verputzten. Lange habe ich diese Tradition in meiner eigenen Familie fortgeführt, bloß die Klöße waren nur noch halb so groß. Den Abwasch machten wir Kinder. Dabei sangen wir und ich naschte an den Resten, deshalb war ich auch etwas mollig. In dieser Zeit genoss ich das Familienleben, was ein bleibendes Bedürfnis nach Familie in mir verankerte.

Ich erinnere mich, dass eines Tages, als die Westtante, die inzwischen mit Onkel Helmut verheiratet war, bei ihren Besuch, die Mutter vor eine Entscheidung stellte, die ich nicht verstand. Tante Annelie und Onkel Helmut, die zu dieser Zeit noch kein eigenes Kind hatten, wollten mich zu sich in den Westen holen. Ich war zwölf Jahre und total perplex. Nie hätte ich mir vorstellen können, ohne die Mutter und meine Geschwister irgendwo zu leben und dann nicht mehr bei ihnen zu sein. So schwierig es auch hin und wieder war in dieser Familie, ohne sie konnte ich mir ein Leben damals noch nicht vorstellen. Abgesehen davon, ob ich jemals zu Besuch hätte kommen können. Was wäre damals im Westen aus mir geworden? Hätte das überhaupt funktioniert?

Das Leben in der Familie war nicht immer leicht für mich, aber ich ahnte unbewusst, dass es in Hannover mit den kleinen Freiheiten vorbei gewesen wäre. Meine Mutter hat mich nie geschlagen so wie die Oma. Sie war eine unsichere Mutter und wollte alles besser machen, was ihr nur schwer gelang, weil die Erziehung im Krieg und das ganze Moralisieren ihrer Mutter Wunden und Merkmale in ihrem Verhalten hinterlassen hatten. Sie konnte die beste Freundin sein, singen, tanzen, lachen ohne Grenzen. Wenn sie erschöpft war, fiel sie einige Male in ein tiefes Loch und weinte leise vor sich hin. Sie konnte dann unbeherrscht und ungerecht sein. Ich verzog mich dann leise und versuchte, alles zu tun, dass es ihr besser ging. In dieser Zeit wagte ich nie, mich gegen sie zur Wehr zu setzen, und war einfach nur traurig. Mein Bruder bekam das alles nicht mit, wie er mir später erzählte. Petra, die jüngere Schwester, war frech und maulte, gab Antworten, die ich mir nicht getraut hätte. Ein Gefühl von ungerechter Strenge mir gegenüber machte sich mit den Jahren in mir breit und sollte mich prägen. Ich würde nie so zu meinen Kindern sein, das schwor ich mir.

Meine Bedürfnisse wurden ignoriert. Zum Geburtstag oder zu Weihnachten bekam ich nur Geschenke, die praktisch waren, nichts Individuelles, nur für mich, was ich damals hinnahm. Ich freute mich über alles. Ich malte sehr gern, war an der Schule in der AG „Zeichnen" und sammelte Reproduktionen aus der Gemäldegalerie „Alte Meister". In mir entstand der Wunsch, Kunst zu studieren. Die Eltern wunderten sich, so wie über viele andere Interessen, die ich hatte, zum Beispiel, dass ich eine begabte Turnerin war. Als ich mal in der Schulaula Übungen vorturnen sollte, wurde das verboten, so als würde ich dort einen Striptease vorführen. Die Worte, die fielen, waren voll negativer erotischer Anspielungen, was mich sehr kränkte. Sie deuteten das immer gleich dahin gehend, dass ich mal eine verruchte Person würde. Diese Vorverurteilung hat mir Angst gemacht und ich versuchte mich mit aller Macht, gegen so einen Ruf, zu schützen. Das war nicht leicht, denn wenn ich zum Beispiel die Straße entlangging, wurde schon mal gepfiffen und mir zotige Worte hinterhergerufen. Ich lief dann mit hoch erhobenem Haupt und schämte mich in Grund und Boden. Andererseits merkte ich, dass ich Beachtung fand wegen meines Aussehens, und genoss es auch.

Einmal schenkte mir die Mutter zum Geburtstag eine kleine Sammlung aus der Gemäldegalerie „Alte Meister" aus der Staatlichen Kunstsammlung Dresden. Ich war glücklich und sie sagte, dass sie sich überlegt habe, mir mal etwas Persönliches zu schenken. Heute habe ich eine große Sammlung im Keller von meinen Lieblingsmalern, wie van Gogh, Goya, Cézanne, Bellotto, Carriera, Botticelli, Repin und viele Russen, deren Kunst ich kennenlernte, als ich in Russland lebte. Es muss für mich ein Ausflug in eine andere Welt gewesen sein, in der es keine Grenzen gab. Das stimmt zwar nicht, weil es immer wieder Grenzen gibt, die man überwinden muss. Als junges Mädchen macht man sich jedoch darüber noch keine Gedanken.

Durch die Schule konnte ich Horizonte erahnen, die mir Fenster in ein anderes Leben öffneten. Ich liebte meinen Zeichenlehrer, Herrn Florentin Hahn. Er war streng gegen die, die unbegabt schienen, und ungerecht bis zornig.

Florentin trug eine Beinprothese und kam jeden Tag mit dem Fahrrad aus Arnstadt an unsere Schule nach Ichtershausen gefahren. Es gab um ihn Gerüchte und das machte Herrn Hahn für mich erst recht interessant. Er lud einige begabte Schüler zu sich nach Hause ein, wo wir gemeinsam zeichneten, und ich bekam die Erlaubnis von den Eltern, dabei sein zu dürfen. Das waren meine schönsten Sonntagnachmittage. Herr Hahn wohnte mit seiner Frau in einem winzig kleinen Häuschen am Rande von Arnstadt, direkt an der Straße, die nach Ilmenau führte, die an einem Wald entlang gebaut war. Wir saßen in einem kleinen Raum mit einem breiten Sofa, einem kleinen Tischchen und einigen Sitzgelegenheiten. Beeindruckend war für mich eine riesige Applikation mit Tieren aus der ganzen Welt, welche die Wand über dem Sofa zierte. Hier war alles anders als in diesen standardmäßig eingerichteten Mietswohnungen, so wie ich es kannte. Ein neues Fenster hatte sich für mich geöffnet. Ich fühlte mich bei diesem Mann wohl und er mochte mich auch. Es war mir egal, was andere Menschen über ihn sagten. Längst hatte ich verstanden, wie schnell ein Mensch falsch beurteilt wird und was das mit einem macht. Einmal nahm er mich bei der Hand und sagte mir, wir gern er so eine Tochter wie mich hätte. Ich war in diesem Augenblick ein bisschen stolz und glücklich. Leider hat er mir keinen Mut gemacht, Kunst zu studieren, was er später mal bedauernd zu mir sagte. Bevor er starb, konnte ich ihn noch einmal besuchen und er bot mir das Du an. Leider hatten wir viele Jahre keinen Kontakt und zu spät erfuhr ich vom frühen Tod seiner Frau, die er sehr geliebt hat.

In der Schule waren meine Lieblingsfächer Deutsch, Musik, Zeichnen, Erdkunde, Geschichte und Sport. Deutsch hatten wir bei Frau Erdmann, die viel rauchte, klein und grau aussah mit vielen Falten, den Spuren eines Lebens, das nicht immer leicht für sie gewesen sein muss. Ich begeisterte mich für Literatur, schrieb gern Aufsätze und das Ergebnis war meistens eine Eins. Leider vermasselte ich mir die Arbeit durch mangelnde Rechtschreibung und mein Ausdruck war auch nicht immer perfekt, weil ich so mit dem Inhalt beschäftigt war, dass ich alles andere nicht bemerkte. Bei ihr lernte ich Literatur zu verstehen und zu hinterfragen. Sie begeisterte mich für das Lesen von Büchern und ich verschlang alles, was ich in die Hände bekam. Da konnte ich in eine Welt eintauchen, die mir zeigte, wie schön, aber auch ungerecht das Leben sein kann. Das baute mich auf und tröstete mich. Es gab mir die Kraft, auch mein Leben nicht so dramatisch zu betrachten.

Musik liebte ich schon immer und ich war wohl auch nicht unbegabt, was ich hätte erkennen können, wenn meine Mutter mir nicht gesagt hätte, dass ich nicht singen könne. Das kam so: In der 1. Klasse schrieb Herr Fischer, unser Musiklehrer, Noten an die Tafel und wir sollten herausfinden, um welches Lied es sich handelte. Ich war die Einzige, die erkannte, dass es sich um „Schneeflöckchen, Weißröckchen" handelt.

Zu Hause erzählte ich das stolz und die Antwort war: „Du kannst doch gar nicht singen." Ebenso war das mit dem Rechnen. Es stand fest, dass ich nicht rechnen könne nach Meinung der Eltern. Ob das wohl der Grund war, warum ich beim Rechnen und später mit der höheren Mathematik immer Probleme hatte? Solche Sätze prägen sich bei Kindern tief im Unterbewusstsein ein und führen zu einer großen Verunsicherung. Die Erwachsenen müssen es ja schließlich wissen.

In Geschichte hatten wir Herrn Winter. Er kam mit seiner jungen Frau nach dem Studium an unsere Schule. Seine Frau hatte es schwer in unserer Klasse in der Unterstufe. Klaus, der Sohn unseres Dorfpolizisten, war ausgesprochen dumm und frech. Er bespuckte einmal Frau Winter und das tat mir leid. Sie hatte mehrere Fehlgeburten, was sich herumsprach. Wir Mädels beobachteten die jungen Lehrerinnen, waren sie doch nicht aus dem Dorf und kamen für uns aus einer anderen Welt. Dann bekam die kleine Familie Winter endlich einen Sohn und ich habe den kleinen Klaus oft ausgefahren. Heute ist mir bekannt, dass Herr Winter „IM" war, und im Nachhinein wird mir klar, warum mir dieser Mann so zwielichtig erschienen ist. Damals konnte ich es nicht deuten.

Sport begeisterte mich sehr, weil ich am Boden und in Leichtathletik gut war. Leider hatte ich später mit dem Laufen Probleme, weil ich beständig Angst hatte und durch meine kranken Knie nicht mehr schnell genug laufen konnte. Ebenso war das mit dem Weitsprung. Das hat mich sehr geärgert und so habe ich mich beim Bodenturnen und Geräteturnen sehr angestrengt, um die Einsen zu hamstern, was auch geklappt hat. Zur Prüfung absolvierte ich die beste Kür am Boden vom gesamten Landkreis.

Ab der 9. Klasse wurden wir zu einer Klasse zusammengelegt. Damals konnte man noch nach der 8. Klasse die Schule verlassen. In dieser Klasse lernte ich Margrit kennen, die meine beste Freundin wurde – bis heute.

Ab der 9. Klasse bekamen wir drei neue Lehrer, Herrn Gebhard, Herrn Anhalt und Fräulein Hertwig. Herr Gebhardt hat sofort unsere Herzen gewonnen. Wir hatten bei ihm Biologie und er klärte uns über den gewissen Unterschied zwischen Mann und Frau auf. Erst die Mädchen und dann die Jungs. Das war uns sehr peinlich und mit roten Ohren hörten wir zu. Er war und ist ein fröhlicher und offener Mensch. Gebbi, wie wir ihn noch heute nennen, war schon verheiratet und hatte eine kleine Tochter, die alle Pünktchen nannten. Seine Frau war Lehrerin an einer Schule in Arnstadt. Im ersten Sommer, nach der 9. Klasse, fuhr er mit uns nach Ahrenshoop zum Zelten, zum Bodden an die Ostsee. Die Fahrräder hatten wir mit dabei und ich freute mich sehr auf diese Ferien. Es war eine glückliche Zeit. Jeden Tag fuhren wir mit den Rädern nach Ahlbeck an die Ostsee. Dort lagen wir am Strand, spielten Karten, schwammen im Meer und hatten viel Spaß. Wir durften tanzen gehen. Dabei lernten meine Freundin und ich je einen tollen jungen Mann kennen. Eines Abends schlichen wir uns aus dem Zelt, um unsere Freunde zu treffen. Mir war ein großer Blonder zugetan, der mit seinem Vater am Bodden baggerte. Wir standen im Schilf und knutschten. Der Mond und die Mücken hatten ihren Spaß. Als ich pünktlich zurückkam, war meine Freundin noch nicht da. Gebbi machte gerade seinen Kontrollgang, um nachzusehen, ob alle da waren. Ich log und sagte, dass wir komplett wären und Margrit fest schlafen würde. Noch heute können wir uns darüber freuen, dass ich sie nicht verraten habe. Die Gebhards bekamen noch eine Tochter, die sie Komma nannten. Natürlich hatten die Kinder auch richtige Namen, aber wir kannten nur Pünktchen und Komma. Wie ich später auf einem Klassentreffen erfuhr, war Pünktchen sehr früh an einem Hirntumor gestorben. Die Trauer begleitet Gebbi und seine Frau bis heute.

Herr Anhalt war das Gegenteil von Herrn Gebhard; für uns war er ein kleiner Giftpilz, der uns in Physik unterrichtete. Er hatte keine Eltern und war in einem Waisenhaus aufgewachsen, was wir erst später erfuhren. Aber deshalb musste er doch nicht so humorlos sein?! Vielleicht war er deshalb so ein eigenartiger Kautz. Schwatzten wir zu viel, schlug er mit einem Stock auf den Lehrertisch und schrie in die Klasse. Bei ihm musste ich mich zum ersten und einzigen Mal im Unterricht, an die Wand stellen. Ich konnte nicht aufhören, über den Mann zu lachen. Er sah einfach zu komisch aus, wenn er so wütend war. Wir haben ihn nie zu einem Klassentreffen eingeladen.

Fräulein Hertwig unterrichte Deutsch und Astronomie. Sie war eine flotte junge Frau, immer adrett mit einem schicken grauen Kostüm gekleidet. Wir Mädels achteten wenig auf ihren Unterricht, sondern beobachteten jede Bewegung und jede Geste. Sie war in einem Alter, in dem wir auch schon so gerne gewesen wären.

Dann kam eines Tages ein Herr Pfeiffer aus dem Westen zu uns an die Schule in die DDR. Wir konnten es nicht fassen, dass jemand aus dem Westen in den Osten übersiedelte. Er war ein großer, schlanker Mann, etwas blass mit schütterem Haar. In meiner Erinnerung trug er zu seinem Anzug eine gestreifte Krawatte, die immer schief an ihm hing, was ihn komisch aussehen ließ.

Eines Tages gab es eine große Überraschung in der Schule, als ich dort ankam. Ich fand im Vorsaal großes Gewusel und Aufregung unter Schülern und Lehrern vor. Herr Katzemann, unser Direktor, informierte uns darüber, dass unser Pionierleiter Republikflucht begangen hatte. Ich kann mich noch an das große Staunen erinnern, erschien er uns doch als hundertprozentiger Genosse. Wir waren jung und machten uns keine weiteren Gedanken, hörten weiter nach der Schule Radio Luxemburg und Rias. Wir sangen die Schlager, die wir dort hörten, schwärmten für Elvis, Rex Gildo, Peter Kraus und Conny. Die DDR-Schlager fanden wir schrecklich und langweilig.

Ich sollte eigentlich das Abitur machen und legte den Eltern stolz den Antrag hin. Das war schon lange im Gespräch, und, wie so oft, wurde die Tante im Westen befragt. Die beeinflusste meine Mutter so, dass diese mir vorhielt, wie lange sie für uns aufkommen müsse, wenn nun alle drei das Abitur machen würden und auch noch studierten. Dabei legte sie ihre Trauermiene auf, und voller Mitleid zerriss ich den Antrag. Deshalb habe ich kein Abitur. Ich traf oft solche Entscheidungen zugunsten anderer in der

Familie, was mich in ihren Augen nicht besser machte, im Gegenteil. Ich denke, dass es meiner eigenen Familie nicht bewusst ist, dass ich so bin. Für die Mutter war es nicht einfach zu sehen, wie ihre älteste Tochter langsam ein kleines Fräulein wurde. Sie wachte über mich mit Argusaugen, soweit das damals ohne Handy möglich war. Es sollte ihrer Tochter nicht so gehen wie ihr, als sie 17 Jahre war. Es kam jedoch viel schlimmer, denn sie konnte nicht mehr lange über mich wachen.

Die Prüfungen an der Polytechnischen Oberschule „Rudolf Teichmüller" in Ichtershausen kamen 1964 auf uns zu. Damit wurde das Ende eines großen Lebensabschnittes ausgeläutet. Es war eine aufregende Zeit in einem heißen Sommer. Wir mussten pauken und nochmals pauken. Mit 16 Jahren war das ein Balanceakt zwischen schwimmen gehen oder lernen. Alles lief prächtig. Die letzte Prüfung hatte ich in Astronomie. Das kleine Lehrbuch über dieses Fach hatte ich auf dem Bauch im Garten in der Sonne liegend auswendig gelernt. Ich war gerade beim letzten Kapitel über die Milchstraße, als plötzlich Volker auf seinem Moped angefahren kam. Ihn hatte ich in Arnstadt zusammen mit meiner Freundin beim Tanzen kennengelernt. Nach der Enttäuschung mit W. hatte er keine wirkliche Chance bei mir. Es schmeichelte mir trotzdem, dass er sich sehr um mich bemühte. Ich ließ mein Lehrbuch Lehrbuch sein und fuhr mit ihm zum Schwimmen. Dachte mir, dass ich bestimmt nicht ausgerechnet über die Milchstraße geprüft würde. Das Ergebnis meiner schriftlichen Arbeit war nur eine Drei. Das ärgerte mich sehr. Ich war in der Arbeitsgemeinschaft Astronomie, weil mich alles interessierte, was im Universum geschah.

Die Anspannung am Morgen vor der letzten Prüfung war groß. Im Foyer der Schule hatten wir eine Wandtafel über die Milchstraße angebracht. Mir kamen Zweifel und ich dachte, wenn ich nun doch mit der Milchstraße drankäme, was dann? Deshalb stellte ich mich vor die Wandtafel, schaltete das visuelle Gedächtnis ein, prägte mir Größe, Breite und die Abstände zu den Planeten ein. Wenig später lagen die Prüfungsfragen über die Milchstraße vor mir. Nun war alles egal. Ich ließ mich in diese „Ist mir egal"-Stimmung gleiten und so trat ich vor die Prüfer hin. Ich bekam eine Eins. Mein Gedächtnis hatte funktioniert. Glücklich und stolz ging ich in die freie Zeit vor der nächsten Etappe des Lebens und freute mich auf mein Abschlusszeugnis, über das die Eltern staunten, weil sie mir das nicht zugetraut hatten. Wo hat sie das her? Das war der einzige Kommentar.

Sigrid mit Wägelchen 1950

2 Verwirrjahre – Basisjahre

Es war jedoch nicht alles klar für meine Zukunft. Welchen Weg sollte ich nun gehen? Meine Berufswünsche entsprachen nicht den Vorstellungen der Eltern. Sie hatten sich dieses Dilemma selbst eingebrockt. Die letzte Option sollte die Versicherungskauffrau sein. Mir war das inzwischen egal. Ich hätte am Liebsten Kunst studiert oder später als Maskenbildnerin an einem Theater gearbeitet. Dazu fehlte mir jedoch das Abitur. Vater Gerhard hatte die Idee mit der Versicherungskaufrau, weil die Tante und ihr Mann erfolgreiche Versicherungskaufleute im Westen waren. So bewarb ich mich bei der Deutschen Versicherunganstalt der DDR (DVA) in Arnstadt in letzter Minute. In der DDR gab es nur diese eine Versicherungsanstalt, nicht so wie heute, wo es unzählige Versicherungsagenturen gibt.

Die DVA in Arnstadt freute sich über meine Bewerbung, weil ich ein sehr gutes Zeugnis vorweisen konnte. Nach einigen Tagen machte man mir das Angebot, an der Fachschule für Finanzökonomie in Gotha Versicherung zu studieren. Für die Entscheidung hatte ich nur ein Nachdenken Zeit und ich sagte zu. Alle waren stolz, vor allem die Westtante. Ich tröstete mich damit, dass es nun doch noch ein Studium wurde, wenn auch ohne Abitur, und ich aus Ichtershausen wegkam. Irgendwie würde ich das schon über die Bühne bringen, sagte ich mir. Vorher musste ich als Letzte noch eine mündliche Eignungsprüfung ablegen. Die schriftlichen Prüfungen waren zum Glück bereits abgeschlossen. Eine Vorbereitung war unmöglich und ich hatte keine Vorstellung, was die mich prüfen würden. Dann war es ganz einfach und ein Kinderspiel. Ich wurde aus meinen Lieblingsgebieten befragt, Deutsch, Literatur, und es wurde die soziale und politische Einstellung hinterfragt.

Das kleine Städtchen Gotha gefiel mir. In einem Internat zu leben, fand ich immer noch besser als ein Leben in Ichtershausen.

Der Studiengang, bei dem ich eingestuft wurde, war ein besonderer. Die Teilnehmer hatten keine gemeinsame Grundausbildung. Wir waren sieben ganz junge Mädchen von 16 Jahren ohne Praxiserfahrung, ohne Abitur und Fachausbildung als Versicherungssachbearbeiter. Am ungewöhnlichsten war Ilonka, die eigentlich Musik studieren wollte, aber aus irgendwelchen Gründen, die sie uns nicht nannte, nicht für dieses Studium zugelassen wurde. Sie sah wie eine Spanierin mit Afrikalocken aus und war dick wie eine italienische Mama. Ilonka hatte einen herrliche Altstimme und konnte super Klavier spielen, worum ich sie heimlich beneidete. Kulturell war sie für die Fachschule eine große Bereicherung. Sie sang zu jeder Gelegenheit. Ihr Talent wurde bei allen möglichen kulturellen Anlässen genutzt. Diese Begabung wurde in der Lehrerschaft geachtet und sie setzten sich dafür ein, dass Ilonka nach einem Jahr an die Musikhochschule Weimar wechseln durfte. Sie war glücklich und wir freuten uns mit ihr. In der DDR wurden Arbeiter- und Bauernkinder bei bestimmten Berufen bevorzugt. Von Vorteil war auch, sich für einen langfristigen Dienst bei der Nationalen Volksarmee (NVA) zu verpflichten. Ilonka starb leider viel zu früh.

Zu Beginn wurde ich vorübergehend in der Landwirtschaftsklasse untergebracht. Dort lernte ich Klaus aus Waren kennen und verliebte mich ein bisschen in ihn. Er war ein sehr gut aussehender, dunkelhaariger Mann und bereits 23 Jahre. Es sollte eine für mich tragische Begegnung mit ihm und mir werden. Sie würde mir eine bleibende seelische Verletzung zufügen. Am Anfang war ich täglich mit diesen jungen Menschen aus dieser Klasse zusammen. Erst einige Wochen später bekam ich einen Schlafplatz bei meinen Klassenkameraden. Wir wurden von den Lehrern Kollegen genannt. Unser Seminarleiter war Kollege Hahn und ich Kollegin Hornbogen, mein Mädchenname.

Die Fachschule befand sich in der Bahnhofstraße, etwa zehn Minuten vom Bahnhof entfernt. Die Schule war in einem großen bürgerlichen Gebäude untergebracht, in dem bis 1945 die Gothaer Versicherung ihren Sitz hatte. Die Gothaer Versicherung wurde im Jahre 1820 in Gotha gegründet. Das barocke Schloss Friedenstein und das historische Rathaus dominieren noch heute das Stadtbild. Ein idyllischer Stadtpark verband das Schloss mit der Fachschule, wo die Folgen eines tragischen Erlebnisses mit Klaus mir fast das Leben gekostet hätten. Dazu später mehr.

Nach 1945 entstand in Gotha aus der Tradition das nicht universitäre Bildungszentrum von überregionaler Bedeutung für die gesamte DDR, so auch die Fachschule für Finanzen. Ebenso befanden sich hier die Fachschulen für Bauwesen, Transportbetriebstechnik, Ingenieurpädagogik, Kinderpädagogik und Krankenpflege, von den Studenten „Puddingschule" genannt. Die Stadt erlebte durch diese Bildungseinrichtungen und das bunte Völkchen von Studenten einen bedeutenden Aufschwung mit frischer Lebendigkeit.

In der Fachschule gab es im Hauptteil einen großen Hörsaal und die Mensa. In den Seitenflügeln befanden sich die Seminarräume und unsere Zimmer mit den Gemeinschaftswaschräumen, durch einen langen Korridor voneinander getrennt. Das war bequem. Wir konnten länger schlafen und fielen quasi aus den Betten in den Hörsaal. Der Schulfunk weckte uns regelmäßig. Er berieselte uns morgens mit klassischer Musik, zum Beispiel mit dem Befreiungschor aus AIDA oder mit DDR-Schlagern. Außerdem diente er zur Information über wichtige Formalitäten, Veranstaltungen und Terminen. Unsere gemischte Klasse hatte anfangs einige Schwierigkeiten, sich zu finden. Hatten wir doch einige markante Persönlichkeiten unter uns, die ab sofort drei Jahre zusammenleben und studieren sollten. Mein erstes Zimmer mussten wir uns zu viert teilen. Kollege Hahn, unser Klassenleiter, war ein dicklicher gutmütiger Mann mit pechschwarzen Haaren und braunen Augen, dem wir später freundschaftlich verbunden blieben. Er lehrte uns alles, was man über die Versicherung in der DDR wissen musste.

Eröffnet wurde unser erstes Studienjahr mit einem sogenannten „Lager junger Sozialisten". Es fand vom 1. September bis zum 11. September 1965 statt. Diese Aktion sollte dazu dienen, uns näher kennenzulernen und uns mit den Gepflogenheiten der Finanzschule vertraut zu machen. Wir besuchten gemeinsam die Sehenswürdigkeiten der Stadt. Dabei lernten wir das Schloss mit Schlosspark und Orangerie, das Rathaus, das „Tivoli", eine für die Arbeiterbewegung historische Gedenkstätte, kennen. Der Höhepunkt war die feierliche Immatrikulation, bei der wir gelobten, unsere ganze Kraft für den Aufbau des Sozialismus einzusetzen. Ein weiterer Höhepunkt war der Abschlussball im Volkshaus „Zum Mohren", wo wir feierten und tanzten. In dieser Kulturstätte haben wir noch oft einige fröhliche Partys erlebt. Wir nannten das Volkshaus deshalb „Haus Fünf".

Der Park von Schloss Firedenstein

Nachdem wir uns zwei Wochen mit Gotha und der Fachschule vertraut gemacht hatten, ging es mehr oder weniger frohen Mutes in den Ernteeinsatz nach Mecklenburg zur Kartoffelernte, auch

Mecklenburger Sandwüste genannt. Am sehr frühen Morgen kamen wir nach 17-stündiger Fahrt müde und zerknautscht mit dem Zug in Altkaten, Kreis Teterow, heute in Mecklenburg-Vorpommern, an. Es gab noch keinen Intercityzug. Wir schliefen auf den harten Bänken, auf Rucksäcken auf den Gängen im Zug, und so lernten wir uns auch näher kennen. Empfangen wurden wir von dem LPG-Vorsitzenden, der uns die Baracken mit einem primitiven Waschraum und Toiletten zeigte. Hier schliefen wir in der ersten Nacht. In einem großen Raum lagen Strohsäcke, die unsere Schlafstätte sein sollte. Wir waren zu müde, um noch nachzudenken, und fielen in einen tiefen Jugendschlaf. Am nächsten Morgen hatten wir alle das große Jucken. Mäuse, Wanzen und anderes Kleingetier hatten uns Gesellschaft geleistet, was nicht ohne körperliche Folgen blieb. Daraufhin durften wir in die Turnhalle der Dorfschule umziehen. Auch dort gab es nur Strohsäcke mit ebenfalls kleinen Mitbewohnern, die uns allerdings weniger piesackten. Für uns Mädels war das eine gruselige Angelegenheit, doch man gewöhnt sich an vieles, wenn man keine Wahl hat.

Unser erster Arbeitstag begann auf einem Anhänger, den ein Traktor zog und der uns zum ersten Kartoffelfeld brachte. Die Arbeit war in den ersten Tagen sehr anstrengend. Wir mussten die Knollen per Hand bückend aus der Erde lesen, und das verursachte bei jedem von uns einen heftigen Muskelkater. Pro 12 kg je Korb erhielten wir 12 Pfennig. Das erforderte schnelles und fleißiges Arbeiten, um ein unseren Bedürfnissen entsprechendes Sümmchen zu sammeln. Später wurde die Arbeit durch den Einsatz eines Kartoffelkombis erleichtert. Fortan standen wir am Fließband und sortierten die Kartoffeln in Kisten. Dabei sangen wir unter Anleitung von Ilonka aus voller Kehle. Wir erzählten uns Witze, machten Blödsinn und hatten viel Spaß. So rüttelten wir natürlich die Bewohner von Altkaten aus ihrem Dornröschenschlaf. Die Burschen des Ortes wurden auf uns aufmerksam. Sie witterten ihre Chancen bei uns jungen Mädchen. Einmal klopfte es nachts eindringlich an der Turnhalle, in der wir schliefen. Bewaffnet mit Besen und anderen Werkzeugen, die uns zur Hand kamen, rannten wir raus, um die Störenfriede in die Flucht zu schlagen. Ilonka, unsere Sängerin, knallte einem Burschen mit dem Handfeger eins über den Balg und dann war Ruhe. Die Mäuse und Wanzen konnten wir so nicht verscheuchen. Einmal in der Woche fuhren wir in die kleine Stadt Gnoien. Dort besuchten wir eine Badeanstalt, um unsere Dreckkrusten vom Körper abzuschrubben.

In Gnoien gab es ein Café, in dem es leckeres Eis gab. Einmal vergaß man uns mit dem Bus abzuholen. Das war so ein umgebautes Vehikel, vorn Lastkraftwagen und hinten ein Anhänger mit Holzbänken in einer einfachen Ummantelung zu einem Personentransporter umfunktioniert. Was sollten wir tun? Wir traten den Fußmarsch an, eine andere Möglichkeit gab es nicht. Im Gänsemarsch zogen wir los, schmetterten alles, was uns an Volksliedern und Schlagern einfiel. Unser Gesang hätte bei Dieter Bohlen keine Punkte geholt. Wir legten unsere ganze Energie und Leidenschaft in den Gesang und lachten uns über uns selbst kaputt. Wir waren eine junge Meute, die immer mehr zu einer Gemeinschaft zusammenfand. Ein mitleidiger Taxifahrer brachte uns dann etappenweise zurück nach Altkaten. Da sich unser Arbeitseinsatz lohnen sollte und wir an den Wochenenden nicht wussten, wohin, boten wir an, auch sonntags zu arbeiten. Das wurde nach einer Beratung mit der LPG und einigem Hin und Her zugunsten unseres Geldbeutels genehmigt. Den Bewohnern des einsamen Dorfes musste man zugutehalten, dass die für uns zur Verfügung abgestellten Frauen uns unverhältnismäßig sehr gut versorgten. Wir erhielten gesunde Bauernkost. Zum Frühstück gab es volle Teller mit Wurstbroten und abends warmes Essen. Keiner von uns hat sicher je wieder so viel gegessen. Die Arbeit an der frischen Luft verstärkte unseren Appetit. Die Folgen erlebten wir am Tag unserer Abreise. Dazu später mehr.

Am 3. Oktober 1965 fanden in der DDR die Volkswahlen statt.

Für uns wurde ein Sonderwahllokal eingerichtet. Schließlich hatten wir einen Eid abgelegt, unsere Kraft und unseren Geist für den Aufbau des sozialistischen Staates einzusetzen.

Die Zeit verging schnell und die letzten Tage unseres Einsatzes rückten näher. Eine Hähnchenaktion wurde geplant, denn wir sollten noch einmal richtig verwöhnt werden. An einem der letzten Tage fuhr Kollege Hahn mit einem netten Bauern zu einer Hähnchenfarm. Dort jagten sie die Hähnchen für unser Abschlussfestessen, bis diese eingefangen waren. Mit einem Pferdefuhrwerk und 80 geköpften Hähnchen kamen sie zurück. Nun musste eine Rupfbrigade her, die den Hähnchen die Federn austrieb. Es traf sieben Mädels, die über die Viecher herfielen. Am Sonnabend und Sonntag stand dann unser Speiseplan mit je einem halben Hähnchen für jeden fest. Im Saal des kleinen Gasthofes von Altkaten gestaltete man für uns eine feuchtfröhliche Abschlussfeier. Der Rat der Gemeinde von Altkaten bedankte sich mit einer Prämie in Höhe von 150,00 DDR-Mark bei uns. Natürlich wurde unser hoher Einsatz für unser sozialistisches Land besonders hervorgehoben. Am nächsten Tag war endlich großes Packen angesagt. Wir freuten uns wieder aus den Arbeitsklamotten in schicke Sachen zu schlüpfen. Die Ernüchterung traf uns heftig. Bis auf Silvelin hatten alle durch das gute Essen zugenommen, weshalb wir Röcke und Hosen nicht mehr zubekamen. Als ich nach Hause kam, schlug meine Mutter die Hände über dem Kopf zusammen und jammerte darüber, wie ich aussah. Wie sollte sie das ihrer Schwester erklären, die ihren Besuch angekündigt hatte? Nun, eine Kartoffelernte war noch nie eine Wellnesskur.

Ende Oktober begann endlich unser Studium. Gleichzeitig, im Oktober 1965, fand das Manöver „Oktobersturm" im Thüringer Wald statt. Streitkräfte aller vier Bruderarmeen des Ostblocks nahmen an diesem Manöver teil. Es ging darum, das erfolgreiche Zusammenspiel aller vier Armeen zu proben. Danach wurde ein Manöverball als krönender Abschluss durchgeführt. Die Mädels unserer Studiengruppe waren zum Manöverball eingeladen. Wir möbelten uns auf und waren gespannt, ob ein paar gute Tänzer dabei waren. Ein russischer Soldat hatte es auf mich abgesehen. Er tanzte wunderbar. Es war ein Erlebnis, den Abend mit ihm zu verbringen. Leider war mein Russisch nicht so toll. Wir sprachen nicht viel, was man beim Tanzen nicht unbedingt muss. Er sah mir tief in die Augen und das gefiel mir. Noch bevor die ersten Takte zu hören waren, rannte er zu mir, damit mich kein anderer bekam, was ich als schmeichelhaft empfand. Und er konnte gut küssen. Das übten wir auf dem Nachhauseweg und dann kam der Abschied. Als Soldat musste er zurück in die Kaserne zu seiner Einheit. Wir hätten gern unsere Bekanntschaft vertieft. Die Zeit und die damalige politische Situation verboten uns jedoch, eine derartige Beziehung aufzubauen. Sein Name war Juri. Er war in St. Petersburg stationiert, damals noch Leningrad, ein feiner, gebildeter Mensch, an den ich gern zurückdenke.

Drei Studienjahre lagen nun vor mir, die nicht leichtfallen sollten. Von Beginn an kam ich mir wie in einem falschen Film vor. Nun hatte ich mich darauf eingelassen und wollte das dann auch gut zu Ende bringen. Die Fachfächer zum Thema Versicherungen raubten mir viel Energie, fehlten mir doch die praktischen Erfahrungen, die meine älteren Studienkolleginnen hatten. Ich hatte wenig Selbstbewusstsein und verstand Goethes Faust, der klagte, dass alle Theorie grau ist. In der Erinnerung wird mir wieder klar, dass ich oft dachte, das hier bin ich nicht. Ich konnte nicht mehr malen und zeichnen, fühlte mich stumpf in dieser mir fremden Welt. Die musische Seite in mir war wie gelähmt.

Die ersten Lehrbücher, die ich gebraucht und billig erwarb, waren „Das Kapital" von Karl Marx, das zu unserer Pflichtlektüre gehörte, sowie die Werke von Lenin. Die liegen heute im Keller, weggeben möchte ich sie nicht, habe ich mich doch so manche Stunde durch diese dicken Werke gequält. Wir mussten daraus Exzerpte zu komplizierten Themen anfertigen, die kaum einer wirklich verstehen konnte. Mittels meiner analytischen Fähigkeiten gelang es mir trotzdem, gute Ergebnisse zu erzielen. Beeindruckt war ich von unserem Dozenten für Philosophie, Herrn Schmiech, den wir Schmiechen nannten. Ein älterer, freundlicher und geduldiger Herr mit grau meliertem Schopf, der sich auch in der Kantine mit uns an einen Tisch setzte und nicht unbedingt linientreu schien. Bei ihm lernte ich die Gesetze der Dialektik, die ich als Einziges behalten habe. Schmiechen schrieb an die Tafel: 1, 2, 3 und sagte dazu: „Merkt euch das."

Eins ist das Gesetz: vom Kampf der Gegensätze; zwei ist das Gesetz: der Negation der Negationen; drei ist das Gesetz: von der Umwandlung der Quantität in Qualität. Das habe ich verinnerlicht. So oft habe ich im Leben begriffen, wie und was diese Gesetze mit uns machen und wie sie uns beeinflussen, wenn wir ihren Gesetzmäßigkeiten ausgesetzt sind. Dieses Auf und Ab unserer Lebenswege, immer wiederkehrende Auseinandersetzungen, die zum Leben gehören, im Großen wie im Kleinen. Das sollte ich in meinem eigenen Leben immer wieder erfahren und das hat mir geholfen, daran zu glauben, dass die jeweilige momentane schwierige Lebenssituation auch wieder besser werden kann, wenn ich mich dem „Kampf" stelle. Wegen meines einfachen und oft naiven Denkens, das ein junges Verhalten bestimmt, wirkte ich auf die älteren Studenten in meiner Seminargruppe, wie sie mir später erzählten, labil, in mich gekehrt, und durch meine Ehrlichkeit empfanden sie mich als lächerlich. Dabei gab ich mir Mühe, alles zu verstehen, ich war ja gerade mal 17 Jahre mit einer noch immer sehr verletzten Seele.

Deutsche Literatur war ein Fach, in dem ich mich voll entfalten konnte, weil ich hier mit dem Wissen aus meinen Büchern und über die jeweiligen Autoren profitieren konnte. Die Klassiker kannten die meisten nicht und dann nahmen wir Goethes „Faust" durch. Für die meisten ein Buch mit sieben Siegeln und keiner war ernsthaft dabei. Sie meinten, dass sie das Wissen darüber nicht bräuchten. An den Namen unsere Dozentin kann ich mich nicht mehr erinnern, was ich bedauere, alle nannten sie die Märchentante. Sie sorgte dafür, dass wir als Studiengang geschlossen zur Aufführung vom „Faust" nach Leipzig ins Schauspielhaus fuhren und das Gesamtwerk in zwei Aufführungen sehen konnten. Ich war fasziniert, hörte und sah das Unglaubliche auf der Bühne und vergaß die Welt um mich herum. Die Konflikte durch hervorragende Schauspieler, in die Faust sich mit Gretchen und Mephisto verstrickte, ließen mich nie mehr los. Parallelen erlebte ich in meinem Leben auf verschiedenste Weise immer wieder, aber auch in den Lebensgeschichten, die ich in meinem späteren Berufsleben als Therapeutin erfuhr. Der Satz von Faust am Ende: „Das musst du selber tun" hat sich in mir eingebrannt, denn ich kam so oft in Situationen, wo ich keine Hilfe bekam, kein Mephisto, keine Mutter da war, und ich lernen musste, selbst zu entscheiden und zu handeln, wobei ich dabei auch mal auf die Nase fiel. Dieses Schauspiel, das Goethe im 18. Jahrhundert über das Ringen um ein sinnvolles Leben und die Suche nach Liebe schrieb, gilt in jeder Zeit. Menschen sind immer auf der Suche nach Werten, Liebe und Wissen.

„Hinfallen, aufstehen, Krone richten und weitergehen" wurde unbewusst mein Leitsatz. Als ich 2014 meine Praxis schloss, schenkte mir eine Klientin einen Fußabtreter, auf dem dieser Spruch steht. Er liegt nun vor meiner Eingangstür. Ist doch witzig! Oder ein Wink von oben, (von wem auch immer)?

Die Deutschabschlussarbeit schrieb ich natürlich über „Faust Teil I – Gretchen und Faust". Es wurde wohl mein erstes psychologisches Gutachten über eine unglückliche Beziehung. Das Ergebnis war ausgezeichnet, worauf ich noch heute stolz bin. Die Arbeit ist leider verschollen und ich vermute, dass sie in einer Kiste auf einem uralten Boden in Mühlhausen liegen geblieben ist. Dort lebte ich mit meinem ersten Mann und kleinem Sohn bei der Schwiegermutter, was keine einfache Beziehung wurde. Meine Schwiegermutter war damals schon 60 Jahre und ich gerade mal

20 Jahre. Für mich war sie schon sehr alt. Welten lagen zwischen uns. Sie, eine ehemalige, inzwischen verarmte und verwitwete Großbauerstochter, die stolz auf ihren Stammbaum war, den ich als Arbeiterkind nicht vorweisen konnte. Bei jeder passenden Gelegenheit erklärte sie mir, dass sie sich für ihren Sohn eine Schwiegertochter aus besseren Kreisen gewünscht hätte. Mit meiner politischen Einstellung lagen wir im ständigen Kampf, und je mehr ich sie kennenlernte, umso mehr erfuhr ich, wie sie auf Menschen herabsah, die aus ihrer Sicht aus der untersten Kaste kamen. Das machte sie mir unsympathisch, obwohl ich ihr eine Zeit lang mein Kind anvertrauen musste, denn Krippenplätze waren auch in der DDR rar.

Zwischen den Studienjahren wurde nicht nur studiert. Wir hatten auch ein feuchtfröhliches Studienleben. Nach den Vorlesungen oder Seminaren war Mittagsschlaf Pflicht, schließlich war Studieren anstrengend. Der eine oder andere hatte damit schon im Hörsaal angefangen. Begann einer zu gähnen, gähnte bald die ganze Reihe. Nach dem Schläfchen wurde Kaffee getrunken und Kanaster gespielt. Für mich war das nicht immer beglückend, denn ich bin kein Gruppenmensch und das Gemecker über diesen und jenen hat mir noch nie Freude bereitet. Ab und zu brauchte ich meine kleine Höhle, in die ich mich zurückziehen konnte. Darum lief ich nachmittags lieber durch die Stadt, setzte mich in ein Café und genoss den kleinen Frieden. Das Bett in unserem Internatszimmer war auch so ein Ort. In meiner Familie gehörte mir nichts. Ich durfte keine Bilder oder Fotos an der Wand anbringen. Hier im Wohnheim hatte ich mir um mein Bett ein Refugium eingerichtet mit Reproduktionen alter Meister und das kleine Bild mit van Goghs Zimmer, mit seinem Bett, Stuhl, Handtuch am Haken und kleinem Tisch. Es hat mich auf meinen Wegen durch die Welt begleitet. Heute hängt es über meinem Schreibtisch zwischen allen anderen Bildern, die mir viel bedeuten.

Ich war jung und unerfahren mit einem neugierigen, feurigen

und eigensinnigen Herzen. Die jungen Männer warfen oft ihre Blicke auf mich, und wo ich auftauchte, lief ich Spießruten. Ich fiel auf durch mein Aussehen, das etwas fremdländisch erschien, den stolzen Gang, der Selbstschutz war, denn die Bemerkungen der Burschen waren oft sehr respektlos, wofür ich mich schämte. Deshalb war ich froh, zu glauben, durch die Freundschaft mit Klaus etwas geschützt zu sein. Vielleicht habe ich mir das auch alles nur eingebildet, weil die Angst, dass meine Eltern mit ihrer Beurteilung über mich recht haben könnten, mich verunsicherte.

In Klaus war ich nicht wirklich verliebt, irgendwie spürte ich, dass er es nicht so ernst meinte, aber die Sehnsucht nach Liebe und Geborgenheit ließ mich glauben, dass man kein Mädchen küsst, für das man nichts empfindet. Wir knutschen abends bis zur Ausgangssperre, was ein Fehler war. Klaus war sechs Jahre älter als ich, mittelgroß, hatte schwarze Haare und schöne braune Augen. Er kam aus Waren/Mecklenburg und war nicht der Klügste, wie ich später erfuhr.

In diesem Zusammenhang fällt mir ein, was meine Mutter oft zu mir sagte: „Wer sich in Gefahr begibt, kommt darin um." Sie sagte jedoch nicht, wie man merkt, wenn Gefahr droht. Gibt es dafür eine Vorahnung? Ja, die entwickelt man, wenn man sich so oft wie ich in der Liebe täuschen lässt. Am Ende schaut man hinter die Masken und keiner bekommt mehr eine Chance, selbst, wenn der eine oder andere sicher eine verdient hätte. Das weiß ich aber erst, seit ich das alles erlebt habe und es damit meist zu spät ist.

Eines Abends traf ich in meinem Café auf Klaus. Er war dort mit einigen seiner Kumpels aus seiner Studiengruppe. Ich setzte mich dazu, wollte aber früher gehen, weil wir am anderen Tag einen Test schrieben. Klaus bot sich an, mich durch den Park zur Fachschule zu bringen. Im Park nahm er mich in die Arme und küsste mich wie üblich. Auf einmal wurde er zudringlich. Ich ahnte, was er vorhatte, und erschrak, was mich erstarren ließ. Später fragte ich mich, warum ich nicht weggelaufen bin. Heute weiß ich, dass wenn man in einer Beziehung an diesen Punkt gelangt, es abwärts geht. Und was noch viel schlimmer ist: man schämt sich dafür, und kann es niemandem erzählen. Ich redete mir ein, dass er mich wohl sehr lieben müsse und wir jetzt ein Paar wären. So blöd war ich. Der noch größere Schock kam, als ich merkte, dass ich ihm völlig gleichgültig war. Am folgenden Sonnabend war wieder Tanz im „Mohren" und ich hoffte, dass wir uns dort treffen würden. Ich saß den ganzen Abend betrübt und verstört da, trank zu viel Bier, keiner tanzte mit mir. Bis einer der Studenten aus der Gruppe von Klaus, sich zu mir setzte. Er teilte mir mit, dass sie eine Wette abgeschlossen hätten, in der es darum ging, ob ich noch Jungfrau sei. Ich hörte noch, wie der Kerl sagte, dass es ihm leidtue. Dann musste ich weg. Haben es alle gewusst? Wollte deshalb keiner mit mir tanzen? Irgendwo allein, habe ich geheult und geschieren, mich gekrümmt vor Scham. Von da an war ich nur noch eine Hülle, konnte nichts essen, begann zu rauchen und wurde sehr krank. Ich bekam 40 Grad Fieber und starken Husten. Die Studienleitung unseres Fachgebietes entschied, mich nach Hause bringen zu lassen. Allein konnte ich nicht mehr mit dem Zug fahren. Meine Mutter war entsetzt und rief sofort den Arzt, der eine Bronchitis diagnostizierte. Wenn ein Hustenanfall kam, riss die Mutter die Fenster auf, da ich zu ersticken drohte. Zum Glück kam der Arzt zurück und hörte mich noch einmal ab, das war mein Glück. Er rief die Rettung und die brachte mich sofort in das Südkrankenhaus nach Arnstadt. Dort wurde ich geröntgt. Dabei konnte ich mich kaum auf den Beinen halten, denn ich hatte einen Schatten auf der Lunge. Mit Penizillin und Streptomyzin genas ich langsam körperlich. Ich genoss die Geschlossenheit im Krankenhaus und verdrängte erst mal die Erinnerungen an die Vergewaltigung und den Verrat.

Langsam kam mein Kampfgeist zurück und auch der Appetit. Eines Tages stand zur Besuchszeit mein geliebter Zeichenlehrer mit seiner schönen Frau an meinem Bett. Die Frau von Herrn Hahn war Krankenschwester im Südkrankenhaus und hatte von mir erfahren. Niemals werde ich diesen Besuch vergessen. Beide waren um mich besorgt und sie brachten mir eine Tüte voller Knackwürste mit. Woher wussten sie, dass ich so gern Knackwurst esse? Zwei Menschen, eigentlich Fremde, waren da und hatten sich um mich gesorgt. Danach ging es mit mir aufwärts. Ich erholte mich von Tag zu Tag. Nach vier Wochen konnte ich aus der Klinik entlassen werden. Ich schwieg weiter, und das noch sehr lange. Erst in meinen späteren Jahren, als ich mit missbrauchten Frauen in der Therapie sprach, konnte ich auch für mich akzeptieren, dass man selbst keine Schuld hat und dass die Schuldfrage nicht bei den betroffenen Mädchen und Frauen zu suchen ist.

Schließlich kehrte ich wieder nach Gotha zurück. Das zweite Semester hatte begonnen und man wollte mich ein Jahr zurückstellen. Das lehnte ich ab und versprach, alles zu tun, um den Anschluss an den Lehrstoff zu schaffen. Ich wuchs über mich hinaus. Klaus und seine Kumpels hatten wohl meine Abwesenheit unangenehm bemerkt, denn als ich an einem Tag im Foyer saß, kam Klaus auf mich zu und wollte sich entschuldigen. Ich sah durch ihn hindurch, als wäre er nicht vorhanden. Er wurde im dritten Semester vorzeitig wegen schlechter Leistungen von der Fachschule verwiesen. Das war für mich eine große Befriedigung und ein kleines Zeichen von Gerechtigkeit.

Die folgende Studienzeit verlief geregelt und ich schloss mich Lisa an. Leider kam ich im zweiten Semester in ein anderes Zimmer mit den erwachsenen Mädels, Katrin, Ingrid und Iris, die für mich exaltierte Zicken waren. Sie hatten genug Geld, gingen in Bars und hatten auch so nebenbei einige abwegige Aktivitäten, denen ich mich nicht anschließen wollte. Ich konnte mir auch finanziell deren außerschulisches Leben nicht leisten Damit war ich wieder auf mich gestellt. Später konnte ich zu Gitti, Marlis und Nini ziehen, wo ich mich wohlerfühlte und doch nicht dazugehörte. Unser Zimmer befand sich nun im linken Trakt der Fachschule, wo wir regelrecht aus dem Zimmer in den Seminarraum fallen konnten.

Wir hatten Mathematik und Chemie bei Herrn Hosse. Er erklärte uns Mathematik und Chemie mit sächsischem Dialekt. Dabei benutze er Worte, die wir nicht kannten, und er lachte mit uns schallend darüber. Ein sympathischer großer Mensch mit bulligem, gut genährtem Körper, auf dem ein runder Kopf saß, pausbäckig mit intelligenten, witzig dreinschauenden Augen, gekrönt von rotblonden Locken. Er hätte in einem Märchen den guten Riesen verkörpern können. Bei ihm hatte ich höhere Mathematik, von der ich nicht wusste, wozu ich die mal brauche. Trotzdem erlebte ich dabei begeisternde Momente, immer, wenn ich mich erneut an eine Lösung machte und hoffte, diesmal zum gewünschten Ergebnis zu kommen. Der Verlauf dieser Rechenaufgaben, Wahrscheinlichkeitsrechnungen, deren Rechenwege oft über drei Schulheftseiten verliefen, kam für mich einem Krimi gleich. Fand ich die Lösung unbeschadet oder lag ich daneben? Ich konnte üben, mich konzentrieren, doch meistens setzte ich auf halbem Weg ein Zeichen falsch und so gelang mir nie ein richtiges Ergebnis. Zum Glück bekam man auf richtige Teillösungen auch schon einen Punkt, sodass ich glücklich war, wenn es eine Vier wurde. Es ist eben alles relativ und eine Frage der Perspektive, man kann nicht auf allen Gebieten gut sein. Die schriftliche Abschlussprüfung bestand aus einer einzigen Aufgabe, nämlich aus einer Wahrscheinlichkeitsrechnung. Jeder kann sich denken, wie diese schriftliche Prüfung für mich ausging, Fünf! Das hätte auf dem Zeugnis eine Vier bedeutet. Einen Versuch hatte ich noch und so meldete ich mich zur mündlichen Prüfung an, denn da konnte man sich ein Gebiet aus der Mathematik auswählen. Es funktionierte und ich wählte Statistik, da konnte ich reden. Vorher musste ich noch eine Integralaufgabe lösen, was mir zufällig gelang, und dann war ich gut auf die Fragen über die Anwendung der Statistik vorbereitet. Ich bekam ein „Sehr gut" und auf dem

Zeugnis eine Drei in Mathematik. Hätte mir damals einer gesagt, dass ich in einer Lebensphase Abteilungsleiterin „Finanzen" würde, hätte ich ihn ausgelacht.

Im Sommer 1966, vom 1. September bis 31. Oktober vor dem fünften Semester, mussten wir an der Industriepreisreform der DDR teilnehmen. Es war die dritte Etappe einer Reform, die 1960 vor dem Mauerbau ihren Anfang nahm und die, wie sich später herausstellen sollte, nicht den erwünschten Erfolg hatte. Trotz aller Bemühungen mit der Erschaffung des „Neuen Ökonomischen Systems" konnten die Defizite, welche die Planwirtschaft der DDR verursachte, nie erfolgreich im unvermeidlichen Wettbewerb mit der Wirtschaft der BRD kompensiert werden. Das alles hat uns als Studenten damals wenig interessiert. Wir bekamen für unsere Einsätze Prämien und hatten zwei Monate „frei", das fühlte sich wie zusätzliche Ferien an, obwohl es auch Arbeit war. Nach einer intensiven Einweisung in Ilmenau wurde jeder einem Revisor zugeteilt, mit dem wir auf Tour in verschiedenen Betrieben die Industriepreise prüfen sollten. Ich wurde nach Neuhaus am Rennsteig geschickt, um von dort aus mit meinem Revisor in einigen Betrieben der Glasindustrie die Preise zu kontrollieren. Es gab damals keine kleinen Rechner, wir hatten nur unseren Kopf und für Multiplikation oder Division einen Rechenstab. Mit meiner mathematischen Begabung war das für meinen Revisor eine Katastrophe, der arme Mensch. Mir fällt ein, es gab eine Art Rechenmaschine mit einer Papierrolle, wie es sie früher an Kassen im Konsum oder anderen Verkaufsgeschäften gab. Diese langen Zahlenreihen überprüfte mein Revisor jedes Mal, denn ab und zu hatte ich mich vertippt.

Ich kann heute nur ahnen, wie viel Geduld ich diesem Menschen abverlangt habe, der mich täglich treu und brav in seinem Trabant abholte und in Neuhaus vor meinem Quartier wieder ablieferte. Was muss er wohl gedacht haben? Vielleicht: „Die jungen Dinger, die müssen erst mal arbeiten lernen." Der Wille war bei mir da, nur nicht das gewissenhafte und konzentrierte mathematische Können, und das war mir sehr peinlich. Der Revisor hat mich nie kritisiert. Was für ein wunderbarer Mensch er war! Leider habe ich seinen Namen vergessen. Er hat nie mit mir geschimpft oder mich wegen meines Unvermögens im Rechnen beschämt, und dafür bin ich ihm dankbar.

An den Wochenenden fuhr ich selten nach Hause. Was sollte ich dort? Es war Frühsommer und so beschloss ich an einem Sonnabend allein durch den Thüringer Wald zu wandern. Die erste Station sollte Glashütte sein und weiter wollte ich nach Ilmenau, um von dort mit dem Bus nach Neuhaus zurückzufahren. So wanderte ich los, in Wildlederschuhen, ganz allein wie das Rotkäppchen durch den Wald. Da ich mich allein wähnte, sang ich laut und trällerte meine Lieblingslieder. Ich lief und lief, genoss meine Freiheit und stand plötzlich vor zwei Grenzsoldaten. Die fragten, was ich hier wolle und wer ich sei. Ich zeigte brav meinen Ausweis und antwortete, dass ich nach Glashütte wolle. Die Grenzer staunten und erklärten mir, dass ich wohl vom Weg abgekommen sei, denn wenn ich so weiterginge, käme ich zur Grenze nach Westdeutschland und dann würde das nicht gut für mich ausgehen. Ich strahlte beide naiv an. Mein Charme konnte unwiderstehlich sein. Ich entschuldigte mich und sagte, dass ich das nicht vorhätte. Man ließ mich weiterziehen und erklärte mir den Weg. Da hatte ich wohl mehr Glück als Verstand gehabt.

Der Waldboden war sehr nass. Meine Schuhe zeigten erste Spuren der Abnutzung und ich merkte, dass ich damit nicht mehr weit kommen würde. Da lag zum Glück Glashütte vor mir im Tal. Es war ein wunderschöner Anblick, der sich mir bot. Je näher ich kam, umso deutlicher wurden die Konturen der Häuser der kleinen Stadt, und ich sah ein Schuhgeschäft in der Ferne. Ich hatte etwas Geld vom Entereinsatz gespart und von meinem kleinen Stipendium. So ging ich in den Laden und fand ein Paar praktische Halbschuhe, die mein Geldbeutel verkraften konnte. Anschließend leistete ich mir ein Süppchen. Ich dachte über mein Erlebnis mit den Grenzern nach und was für ein Glück ich gehabt hatte, so glimpflich davongekommen zu sein. Dann machte ich mich auf den Weg nach Ilmenau.

Die Sonne stand inzwischen hoch am Himmel und ich ließ mich von ihren wärmenden Strahlen verwöhnen. Vor Ilmenau legte ich mich für kurze Zeit auf eine Wiese und träumte vor mich hin. Bis Ilmenau war es nicht mehr weit und zum Glück stand ich rechtzeitig vor dem Bus, der mich tatsächlich nach Neuhaus zurückbringen konnte. Was für ein schöner Tag, dachte ich im Bus, so friedlich und selbstständig. Wieder in meinem Zimmer in der Pension unterm Dach, schlief ich schnell ein.

Ein junger Kunstschmied aus Neuhaus war in dieser Zeit auf mich aufmerksam geworden. Er sprach mich an und wir verabredeten uns einige Male. Ich hielt mich bedeckt und wollte ihm keine Hoffnungen machen. Er war nicht mein Typ, doch wer war das schon für mich? Abends warf er Steinchen an mein Fenster. Ich war nicht bereit für diesen jungen Mann und ließ ihn zappeln. Eines Tages, als ich frei hatte, lud er mich ein und wollte mir die Skischanze von Neuhaus in Thüringen zeigen. Ich dachte mir nichts dabei und unterhielt mich mit ihm angeregt auf dem Weg zu Schanze. Der Ausflug war beeindruckend, denn nun stand ich zum ersten Mal auf einer Schanze, von der schon einige berühmte Skispringer ihre ersten Sprünge geübt hatten. Als wir oben am Absprung standen, wurde Rudi, so hieß der junge Mann, plötzlich sehr verlegen, kniete sich vor mich hin und bat mich, seine Frau zu werden. Das war mein erster und einziger offizieller Heiratsantrag. Ich wollte ihn nicht auslachen und begann umständlich, ihm zu erklären, dass ich mir das nicht vorstellen könne und noch ein Studienjahr zu Ende bringen wolle. Außerdem müsse ich bald zurück nach Gotha, und dann sagte ich noch, dass ich nicht verliebt sei. Er war sehr enttäuscht. Er kam weiterhin zu meinem Fenster und warf Steinchen, aber ich reagierte nicht mehr darauf.

Wer weiß, ob das ein Fehler war, der sich rächen sollte. Hätte ich mich darauf eingelassen, wäre es mit Sicherheit ein anderes Leben geworden, das mich nicht in die Welt geführt hätte, die noch vor mir lag.

Zurück in Gotha, begann das letzte Studienjahr. Einige Mädels hatten sich verlobt und die ersten beiden waren schwanger. Ich begann zu lernen, aber auch wieder mit den Mädels tanzen zu gehen. Im Herbst waren wir wieder im „Haus Fünf" im „Mohren", wie wir das Kulturhaus nannten. Ich hatte keine große Lust und setzte mich so, dass ich mit dem Rücken zu allen saß. Es befand sich eine Gruppe Matrosen unter den Tänzern. Sie hatten einen Ausflug zu einem Partnerbetrieb in Gotha gemacht und der sollte mit einem fröhlichen Abend beendet werden. Marlis saß mir gegenüber und war schon vergeben, als sie einem stürmisch dahereilenden Matrosen einen Korb geben musste. Ich war übrig und so bat er mich um diesen Tanz. Gelangweilt erhob ich mich und wurde dann doch von dem Temperament des stürmischen Matrosen angesteckt. Er weckte meine Tanzlust und dann tanzten wir den ganzen Abend zusammen, bis man uns rauswarf. Die kleine Band hatte die Nase von uns voll und wollte endlich nach Hause. Wir tauschten die Adressen aus und tanzten weiter auf der Straße Walzer bis zur Finanzschule, damals fuhren nachts keine Autos. Zum Abschied versprach er zu schreiben und ich sagte: „Mal sehen, wirst mich bald vergessen haben."

Er gehörte einer Einheit für Torpedos an und musste zurück in seinen Hafen. Er sah nicht schlecht aus in seiner Uniform, die er selbst nicht mochte. Ich ging zurück in das Internat und beschloss diesen Matrosen zu vergessen. Eine Woche später kam der erste Brief. Wir begannen einen regen Briefwechsel. H. war damals von Beruf Werkzeugmacher und sehr belesen. Es machte Spaß, sich mit ihm über Bücher auszutauschen. In der Schule gehörte er nicht zu den Besten und hatte dort keinen guten Stand. Deshalb war er sehr stolz, als er mich später einem Lehrer in Mühlhausen als seine Braut und später als seine Frau vorstellen konnte.

Ich ließ mich auf den Matrosen ein. Er war hartnäckig an mir interessiert und ich wurde ihn nicht mehr los. H. war keine Schönheit, aber verlässlich, und ich hatte genug von schönen Männern. Er war sehr dünn, knochig, so ein Typ wie van Gogh. Sein Humor war etwas, was ich liebte, mit ihm konnte ich wieder lachen. Ein paar Wochen später klopfte er an das Zimmer, in dem ich im Internat lebte. Da stand er nun, in einem Lodenmantel, sehr kurz geschorene Haare mit einem Denkergesicht. Ich war enttäuscht. In der Uniform als Matrose hatte er mir besser gefallen. Nun war er aber schon mal da und ich wollte nicht unhöflich sein. Wir gingen spazieren und erzählten aus unserem Leben. Danach verabredeten wir uns zum 1. Mai, da wollte er mich seiner Mutter in Mühlhausen vorstellen. Sein Vater war 1945 kurz nach seiner Geburt an Diphterie gestorben. Alles ging schnell und ich hatte keine Ahnung, wohin das führen würde. Irgendwie tat er mir auch leid. Ich konnte ihm das nicht sagen. Vielleicht wollte ich einfach zu jemandem gehören, auf den ich mich verlassen kann. Von dem Traum an die große Liebe hatte ich mich verabschiedet. Das sagte ich ihm später mal und auch, dass ein Gefühl tiefer Liebe bei mir fehle. Er wollte mich trotzdem und war der erste Mann, der mich meinte. H. liebte mich auf seine Weise, die uns kein Glück brachte, weil diese Liebe einseitig war und über die Jahre immer besitzergreifender wurde.

Der 1. Mai 1967 kam, ein Tag, an dem wir Studenten geschlossen durch Gotha zu marschieren hatten, und ich wollte nach Mühlhausen. Die Mädels aus meiner Studiengruppe redeten mir meine Bedenken dabei sein zu müssen, erfolgreich aus. Es würde nicht auffallen, sagten sie mit voller Überzeugung. H. wartete bereits am Zug, als ich auf dem Bahnhof eintraf. Ich hatte kein gutes Gefühl, doch dann saßen wir im Zug und der fuhr los. In Mühlhausen angekommen, führte er mich zu einem sehr alten, großen Haus. Es ging steile Treppen hoch und dann stand ich in einer Wohnung, die mal bessere Zeiten gekannt hatte, und vor mir eine alte, 60-jährige, knochige Frau mit Dauerwelle und Kittelschürze, seine Mutter Paula.

Wie das Haus, so sah auch die Wohnung aus. Die Wände und Fenster hatten schon ewig keine frische Farbe mehr gesehen. Im Wohnzimmer standen Möbel aus einer herrschaftlichen Zeit. In der Mitte des Wohnzimmers stand ein schwerer, ovaler, brauner Tisch. In der Ecke ein großer Schreibtisch vom verstorbenen Mann, daneben ein alter Sessel. Das Sofa war mit alten Kissen beladen, die nicht zueinander passten, ein Fernseher und daneben stand auf einer alten Nähmaschine ein radioähnliches Gerät. Dann gab es noch eine große Vitrine, die immer noch sehr wertvoll aussah. Der Tisch stand auf einem alten Teppich, der dringend eine Auffrischung gebraucht hätte, und ich sah über allem und darunter Staub. Sie hatte sich keine Mühe gemacht, ihre Wohnung wenigstens gründlich zu säubern.

Ich war innerlich entsetzt und mein Entsetzen wurde noch größer, als ich die Küche sah. Ein alter Küchentisch stand unter einem großen Fenster. Der Küchenschrank war wohl noch aus Kriegszeiten, wie ihn auch Tante Ella hatte, nur dieser Schrank war vollgestellt, mit allem, was sie brauchte, um nicht die Schranktüren öffnen zu müssen. Ein Gasherd und ein kleines Waschbecken waren die einzige Quelle für die Hygiene. Daneben befand sich eine Tür, von der der Lack blätterte, und dahinter war eine Speisekammer. Einen Kühlschrank gab es nicht. Die Toilette befand sich im Treppenhaus.

H.s Zimmer war nicht viel anders, ein altes, braunes Bett, daneben ein brauner, kleiner Nachttisch und ein riesiger, alter, brauner Schrank, es roch alt. Paulas Schlafzimmer war das aus ihrer Ehe und auch alt, obwohl es mal wertvoll gewesen war. Ich machte gute Miene und versuchte dieser Frau freundlich zu begegnen, schließlich war sie H.s Mutter. Es war Zeit für das Abendessen und so wurde der Tisch gedeckt. Ich half ihr und dann saßen wir zusammen.

Es war ein Albtraum. Sie stellte die Regeln auf und als sie früh zu Bett ging, sagte sie noch: „H., um 23.00 Uhr kommst Du ins Bett." Als wir allein waren, wurde H. wieder der Mann, den ich begann kennenzulernen. Ich sollte in seinem Bett schlafen, doch da blieb ich nicht allein. Zur angekündigten Zeit ertönte Paulas Stimme. Sie rief: „Es ist 23 Uhr!" Mein Freund verschwand in Richtung Schlafzimmer zur Mutter. Am anderen Tag wurde es dann doch noch gemütlich. Er zeigte mir Mühlhausen. Am Abend fuhr ich zurück nach Gotha und versuchte, dem ersten Eindruck etwas Positives abzugewinnen.

Am nächsten Morgen hatten wir uns im Seminarraum einzufinden, und wie sich herausstellte, sollte es eine ernste Versammlung werden. Katrin und Iris hatten mich verpetzt und so erfuhr Kollege Hahn, dass ich am 1. Mai den Umzug geschwänzt hatte. Deshalb sollte es als Konsequenz für mich ein Disziplinarverfahren geben. Erst entstand in meiner Klasse leise Empörung und dann brach es aus den Mädels heraus. Eine sagte: „Wenn die Sigrid einen Verweis bekommt, dann auch Katrin und Iris, die arbeiten nämlich im Weinkeller schwarz." Nun war auch ich über diesen Verrat empört und ich zischte die beiden an – was mir sonst fremd war – und sagte, dass sie jede eine Schlange seien. Wir bekamen alle drei einen Verweis, der nach einem Jahr bei guter Führung wieder gelöscht werden sollte. Ich nahm es gelassen.

Im Sommer war die Armeezeit von H. zu Ende. Er nahm seine Arbeit in Mühlhausen wieder auf, kaufte sich ein Motorrad, mit dem er mich in Gotha besuchte oder abholte. Damit fuhren wir durch den Thüringer Wald und später zu seinen Verwandten, die in dem Dorf Grabe noch auf ihren Bauernhöfen lebten, die mal ihr Eigentum waren, wo ich liebevoll aufgenommen wurde und mich wohlfühlte. Sie sagten mir, dass die Paula besonders wäre und ich sie nicht so ernst nehmen solle. Wo wir hinkamen, war eine freundliche Willkommensatmosphäre, und so begann ich diesen Teil der Familie zu mögen, die nicht nur aus seiner Mutter bestand. Ich erlebte das erste Schlachtfest und genoss den Zusammenhalt und das gemeinsame Arbeiten auf dem Hof des Onkels und der Tante von H., was mit guttat. Sie nahmen mich so an, wie ich war. Das machte mir Mut für alles, was kam.

3 Hochzeit 1967 und mein erstes Kind

Der Sommer ging schnell vorüber und dann saßen wir wieder im Hörsaal. Das letzte Studienjahr hatte begonnen und ich war schwanger. Als der Frauenarzt mir meinen Verdacht bestätigte, hatte ich eine große Freude in mir. Ich erinnere mich, dass ich wie auf Wolken durch die Straßen von Gotha lief. Ich sollte ein Kind bekommen, in mir sollte ein kleines Menschlein wachsen! Ich war überwältigt von dem Gefühl, dass es mein Kind sein würde. Noch konnte ich nicht darüber nachdenken, was das bedeutet, denn ich war 19 Jahre, hatte keine Wohnung und das Studium war noch nicht beendet. Mir wurde erst klar, was auf mich zukam, als mir meine Mutter sagte, dass es keinen Platz für mich mit dem Kind in der Familie gebe. Dass ich den Vater des Kindes nicht so liebte, wie es sein sollte, interessierte sie nicht.

„Die Liebe kommt schon noch und manchmal ist es besser, wenn der Mann mehr liebt als die Frau", war ihr Kommentar. Der Stiefvater sagte: „Du hast Glück, so einen Mann zu kriegen, den hast Du gar nicht verdient." Damit war alles gesagt, ich wusste, was ich in seinen Augen war, und ich musste mich entscheiden, mit meinem Kind in eine unsichere Zukunft zu gehen oder den Vater zu heiraten, damit mein Kind beim Vater aufwachsen konnte, was mir selbst nicht vergönnt gewesen war. Es gab keinen Menschen, dem ich mich hätte anvertrauen können. Die Einzige, die mir abgeraten hätte, wäre Oma Anna gewesen. Die war im Westen und als sie mich mit H. auf einem Foto sah, stand ihr Urteil fest und sie sollte recht behalten, was ich damals nicht glauben wollte. Ich hätte auch nicht auf sie gehört. Mir war das Wohl meines Kindes inzwischen so wichtig, dass ich über keinen anderen Weg nachdenken konnte. Mein Kind sollte in einer Familie aufwachsen, bei Mutter und Vater, so entschied ich ganz allein. Ich wollte alles tun, damit das gelang. Es sollte kein Scheidungskind werden und damit hatte ich mich total überschätzt. Das Leben hatte mit mir wohl noch einiges vor, was man jedoch vorher nicht weiß. Bedeutete es doch aus heutiger Sicht, sich der wahren Liebe zu verweigern. Ich war der Überzeugung, dass ich mit der Liebe zu meinem Kind alles schaffen könnte.

Am 16. Dezember 1967 fand die Trauung im Standesamt von Mühlhausen statt. Wir hatten wenig Geld und so reichte es nur für ein kleines Schwarzes mit weißem Seidenkragen. Mein Traum in Weiß war geplatzt. H. war glücklich, er freute sich auf unser Kind und seine Frau, das machte mir Mut. Ich zog zu ihm bei seiner Mutter in Mühlhausen ein. Das war nicht einfach, denn ich krempelte so manches um. Staub gab es keinen mehr und bald waren die Wände gestrichen und die Rollos an den Fenstern stabil. Paula brauchte keinen Müll mehr die vielen Treppen hinunterzubringen, das hatte gefälligst ihr junger Sohn zu tun. Der Kampf zwischen Jung und Alt hatte begonnen. Damals konnte ich mir nicht vorstellen, dass ich auch mal alt werde. Aus meinem heutigen Verständnis möchte ich ihr Abbitte leisten, denn was hätte ich manchmal ohne sie gemacht?

Die Hochzeit erlebte ich, als würde ich in einem Film die falsche Rolle spielen. Ich stand neben mir und dachte, mit all diesen Menschen, die hier sitzen, werde ich mein Leben fortsetzen, in diesem altbürgerlichen Mief mit alten Leuten. Wie arrogant man in jungen Jahren doch sein kann. Es war für mich ein schrecklicher Tag. Alle anderen waren offenbar zufrieden. Ich bewahrte Haltung, wie immer. Auf dem Klo heulte ich ein bisschen und dann wandte ich mich der Realität zu. Eines war mir klar, in Mühlhausen wollte ich nicht bleiben. Ich wollte mit meiner Familie in Jena leben. Mühlhausen war konservativ geprägt und der Einfluss der Kirche spürbar, sodass das sozialistische Treiben zwar offiziell stattfand, aber der Geist alter Bande noch vorhanden war, jedenfalls bei den damals Alten, die den Krieg direkt oder indirekt erlebt hatten. Sie hatten nichts gelernt.

Nun saß ich auch mit einem dicken Bauch in der Schulbank, und damit war ich nicht allein. Unsere Seminarklasse war sehr gebärfreudig. Zur damaligen Zeit war es normal, jung ein Kind zu bekommen. Die Prüfungen lagen vor uns. Im April sollte mein Kind geboren werden. Aus dem Westen kamen Pakete mit Babywäsche und Babykosmetik. Die Oma und Tante Annelie, die vor mir ihr erstes Kind bekommen hatte, schickte mir, was ihrem Sohn zu klein geworden war. Das war ein Glück, denn ich bekam auch einen Sohn. Der April 1968 war ungewöhnlich heiß. Die alten Verbindungen aus herrschaftlicheren Zeiten der Schwiegermutter führten dazu, dass mein Kind in einer Privatklinik in Mühlhausen zur Welt kommen sollte. Die Kasse übernahm die Kosten. Darüber machte ich mir damals keine Gedanken.

Die Wehen kamen schon drei Tage vor dem Geburtstermin und sollten mich drei Tage und drei Nächte begleiten. Circa 30 Grad zeigte die Skala auf dem Thermometer an, die sich wie 40 Grad anfühlten. Tapfer nahm ich die Schmerzen in Kauf. Meine Bauchmuskulatur war durch das Turnen hart und so kamen die Wehen über den Rücken und der Muttermund öffnete sich nicht, so als wollte mein Söhnchen nicht auf diese Welt kommen. Es wurde gefährlich, denn die Nabelschnur hatte sich um den Hals des Babys gelegt. Dann musste alles schnell gehen. Als sich der Muttermund etwas geöffnet hatte, wurde mithilfe eines Vakuumgeräts die Geburt eingeleitet. Das war ein Gewaltakt, bei dem zwei Ärzte, die Hebamme und ich unter deren Anleitung zu pressen hatten, was das Zeug hält, und am Sonntag, dem 28. April 1968, um 10.00 Uhr, kam mein Sohn Steffen zur Welt, 53 Zentimeter und 3.750 Gramm. Er schrie aus voller Kehle, war blau angelaufen, hatte Fruchtwasser geschluckt und seine Augen ließ er geschlossen. Offenbar wollte er noch nicht sehen, was ihm in der Welt blüht. Ein Markenzeichen, das für ihn bezeichnend wurde. Heute noch scheut er die Wahrheiten in unserer Familie, will nichts hören und sehen, wenn es Probleme gibt. Über die Vergangenheit wollte er nie etwas wissen. Er war ein Sonntagskind und so lebt er heute mit einem sonnigen Gemüt, was ihn ungeheuer sympathisch und erfolgreich gemacht hat. Es lebt sich offenbar leichter, wenn man nicht alles hinterfragt.

Ich war glücklich und zum ersten Mal in meinem Leben hatte ich eine Ahnung, was Glück wirklich ist. Diese Geburt war für mich ein großes Wunder. Da lag er nun in seinem Körbchen neben mir, pummerlgesund und munter und ich dachte, Berge versetzen zu können. Als die Nachgeburt raus war und man mich versorgt hatte, kam ich auf die Idee, aufzustehen und allein in das Wöchnerinnenzimmer zu gehen. Wie ich mich erhob und stand, fiel ich um wie ein Baum im Sturm. Als ich zu mir kam, musste ich mir den Spott der Hebamme gefallen lassen. Ich gönnte ihnen ihr Lachen, denn was war das schon alles gegen das Wunder, welches mir widerfahren war? Mein Mann befand sich, während ich unser Kind zur Welt brachte, in einem Trainingslager, denn er spielte leidenschaftlich Fußball. Als er von der Geburt erfuhr, kam er überglücklich zu uns und wenige Tage später holte er uns, den kleinen Steffen und mich, nach Hause. Als wir ankamen, platzten wir in ein Kaffeekränzchen, zu dem Paula ihre alten Freundinnen eingeladen hatte. Es war der Beginn einer wunderbaren, schwierigen Freundschaft. Ich sei nicht die standesgemäße Braut für ihren tollen Sohn und ich müsse erst noch kochen lernen, waren einige ihrer Lieblingsbemerkungen. Der Beste aber war: „Ja, es ist eine Kunst, in zehn Jahren Ehe nicht schwanger zu werden." Sie war zehn Jahre verheiratet, als sie endlich mit ihrem Sohn schwanger war. Ich war nicht einmal verheiratet und war schwanger geworden, das hatte wohl nur an mir gelegen! Wieder hatte ich das Gefühl, wie bei meinen Eltern, irgendwie „nicht richtig" zu sein, egal was ich tat, ich war „schuldig". Wie immer schluckte ich das hinunter und übernahm die Verantwortung für mein Kind und das Leben.

Das Studium hatte ich erfolgreich beendet und in der Versicherung in Mühlhausen meine erste Arbeitsstelle bekommen. Oma Paula betreute ihren Enkel, den sie abgöttisch liebte. Mein Mann und ich suchten in Mühlhausen vergeblich eine eigene Wohnung, was sich als sehr schwierig herausstellte. So wurde mein Plan B, der eigentlich mein Wunschplan war, vorbereitet. H. bewarb sich in Jena im VEB Carl Zeiss Jena, denn nur dort konnten wir mit einer Wohnung rechnen. In Jena-Lobeda entstand ein komplett neues Wohngebiet mit komfortablen Wohnungen. Wir hofften, das Glück zu haben, dort so eine Wohnung zu bekommen, wenn erst einer in Jena arbeitet und lebt.

Also pendelte H. ein Jahr zwischen Jena und Mühlhausen hin und her. Ich hatte mich auch im VEB Carl Zeiss Jena beworben und dann war es so weit. Überglücklich zogen wir in unsere erste eigene Einraumwohnung mit Balkon, Bad und kleiner Küche ein. Auch Tante Ella und Onkel Paul waren froh, mich wieder in ihrer Nähe zu wissen. Mit einem Kredit kauften wir eine Schrankwand und eine Schlafcouch, Sessel und einen Esstisch mit Stühlen. Das Kinderbett, unser erstes Möbelstück, hatten wir schon. An dem Tag, als wir ankamen und die Wohnung einrichteten, fand ein Fußballspiel statt, das die Männer unbedingt bei Onkel Paul und Tante Ella sehen wollten. Für mich war das okay, so konnte ich in aller Ruhe auspacken und die Wohnung mit den wenigen Dingen, die wir inzwischen besaßen, gemütlich gestalten. Mein Stiefvater hatte uns geholfen und bevor er sich von mir verabschiedete, gab er mir 100,00 Mark in die Hand, was mich erstaunte. Leider kam dann noch ein Satz, der mein Herz stocken ließ. Er sah mich von seiner Höhe auf meine 1,54 Meter herunter an und sagte, er sei beeindruckt, nie hätte er gedacht, dass ich eine so umsichtige Mutter und Frau werden würde. Am liebsten hätte ich ihm die 100 Mark vor die Füße geknallt, was mit so einem Schein natürlich nicht geht. Wie ich mich schon oft beschrieb, brachte ich nur ein klägliches „Danke" über meine Lippen.

4 Jena und mein zweites Kind

Wir genossen unser kleines Heim. Die neuen Häuser in Jena-Lobeda, die Anlagen darum, die Geschäfte, das bergische Panorama, das Jena zu umarmen scheint. Ich war in meinem eigenen Zuhause. Das war 1970. Eine Zeit lang musste ich noch mit Steffen, der inzwischen zwei Jahre geworden war, zu Hause bleiben, weil noch kein Krippenplatz für ihn vorhanden war. Darüber war ich nicht traurig, denn ich freute mich über jeden Tag, den ich meinem Kind schenken konnte, bevor wir Tag für Tag mit dem Bus zur Krippe und ich in die Firma fahren musste. Mein kleiner Sohn begleitete mich überallhin, selbst beim Abwaschen musste ich ihn auf die Küchenkonsole setzen, damit er mir nahe war. Dabei begann er sprechen zu lernen. Wir erzählten, sangen Kinderlieder und hatten eine unbeschwerte Zeit. Er stellte Fragen ohne Ende und so plauderten wir, sangen und kuschelten, bis der Vater nach Hause kam.

Eines Abends, mein Mann hatte Nachtschicht, Steffen schlief friedlich in seinem Bettchen, das im Korridor stand, und ich wischte den Fußboden. Als ich den Lappen vom Balkon aus ausschütteln wollte, erschrak ich. Es traf mich wie ein Blitz. In der Ecke des Balkons stand eine dunkle Gestalt. Ich war nicht allein. Panik ergriff mich, schnell ging ich in die Wohnung zurück und schloss die Balkontür. Am ganzen Leib zitternd klingelte ich bei den Nachbarn. Die Nachbarin hatte kein Mitgefühl und meinte, dass ich mich nicht so anstellen solle, es wäre doch nichts passiert. So blieb ich allein mit der Angst und Ungewissheit, bis der Freund meines Mannes kam und mich beruhigte. Am nächsten Tag meldeten wir den Vorfall der Polizei, die bestätigte, dass ein Spanner in Jena-Lobeda herumlief und ich nicht die Erste war, die er aufgesucht hatte. Der wäre nicht gefährlich, er wolle nur gucken. Bis dahin war ich überzeugt gewesen, dass man mir keine Angst einjagen könne. Nun wusste ich, dass man nichts machen kann, wenn der Körper Alarm schlägt. In der Situation war ich wie gelähmt, unfähig, klar zu denken, bis der Schreck abklang und ich wieder handlungsfähig war. Diese Erfahrung sollte mir in meiner zweiten Lebenshälfte als Therapeutin immer wieder helfen zu verstehen, was ein Mensch in einer Panik durchmacht.

Es wurde notwendig, dass ich auch Geld verdiente, denn wie ich merkte, konnte mein Mann nicht mit Geld umgehen. Er spielte Lotto und so verspielte er einmal 80 Mark, unser letztes Geld bis zum nächsten Zahltag. Ich war wütend und so hatten wir unseren ersten großen Krach. Wie er es auch häufig tat, kam er mit unserem Sohn auf dem Arm und fing an mit mir zu schmusen, um meinen Unmut zu vertreiben, denn vor Steffen wollte ich nicht weiterstreiten. So kam es, dass ich in Zukunft die Finanzen unserer Familie in meine Hände nahm. H. bekam nur noch ein Taschengeld, womit er einverstanden war.

Mein erster Arbeitstag war nicht einfach. Man stellte mich als Investitionsplanungssachbearbeiterin bei Carl Zeiss ein. Nebenbei erklärte mir ein Kollege, um eine „Zeissjanerin" zu werden, müsse man mindestens fünf Jahre im Werk gedient haben. Ich war 22 Jahre. Nun saß ich in einem Raum mit drei älteren Frauen und hoffte, dass mich die Kollegin, die mir das Sachgebiet übergeben sollte, einarbeiten würde. Diese Frau, die keinen Hehl daraus machte, dass ich ihr nicht willkommen war, trug im Gesicht eine Hasenscharte mit verbitterten Zügen, was mir sehr leidtat. Sie ließ mich voll auflaufen und so musste ich mir mühselig das mir fehlende Wissen erarbeiten. War Frau H. im Raum, schwiegen alle. Ich war ja schon einiges von Mühlhausen gewöhnt, aber dieses Verhalten verletzte mich sehr. Was hatte ich dieser Frau getan? Es war mir klar, dass ich mit meinem Fachschulabschluss in eine höhere Gehaltsgruppe gestiegen war, für die Frau H. sechs Jahre arbeiten musste, und dann war ich auch noch hübsch, hatte Kind und Mann. Der Neid stand ihr schlecht und sie tat mir noch mehr leid. Zum Glück hatte ich einen freundlichen Chef, Herr Holz, der mir half, mich in der mir fremden Materie zurechtzufinden. Alles wurde besser, als wir mit unserer Abteilung in ein neues Werk nach Jena-Winzerla umzogen, ich wieder schwanger war und zur Arbeit laufen konnte. H. brachte unseren Sohn in die Krippe. Es war wie ein Wunder, denn durch die Freude auf mein zweites Kind ging mir alles leicht von der Hand. Meine gute Laune übertrug sich auf unser Team, wir lachten und sangen auch schon mal bei der Arbeit; bis auf Frau H., die sich einfach nicht mit uns freuen konnte. Meine Tränen, die ich anfangs weinte, waren vergessen. Das Mobbing durch Frau H. vergaß ich allerdings nie. Das war wieder eine Erfahrung auf meinem Lebensweg, die nicht umsonst sein sollte.

Jetzt war es jedoch erforderlich, dass wir eine größere Wohnung bekamen, und ich machte meinem Mann Druck. Im Südviertel von Jena sollte eine Dreiraumwohnung in einem Siedlungshaus frei werden, in dem vier Familien wohnten. Damit würden wir in der Nähe von meiner geliebten Tante Ella und Onkel Paul sein, die drei Straßen weiter immer noch ihr Zuhause hatten. In zwei Minuten wäre man im Wald und auch sonst war die Wohngegend herrlich kindgerecht. Der einzige Mangel war, dass wir uns wieder an die Ofenheizung gewöhnen mussten. Als die Entscheidung fallen sollte, kam H. am Abend bedrückt nach Hause und sagte mir, die Wohnung bekäme der BGL-Vorsitzende (Gewerkschaftsvorsitzende) für seine Geliebte. Sie war Frau H., die neidische Kollegin. Ich war außer mir und teilte meinem Mann mit, wenn er keine Beschwerde einlegte und wir die Wohnung nicht bekämen, würde ich mich selbst darum kümmern, schließlich sei ich schwanger.

Wir bekamen die Wohnung. Plötzlich hatten wir drei Zimmer mit einem schönen Korridor, einer großen Wohnküche, einem Bad und einer Mansarde unterm Dach, die uns als Abstellraum dienen konnte, darin stand ein Bücherschrank mit Türen aus Glas. Ich sah ihn schon mit vielen Büchern gefüllt vor mir und verliebte mich in diesen Schrank. Der Vormieter überließ uns die Küchenmöbel und diesen alten Bücherschrank. Außerdem hatten wir ein richtiges Schlafzimmer mit einem großen Schrank, zwei Betten und Nachtschränkchen. Das Schlafzimmer hatten wir noch in Mühlhausen gekauft und gegen das alte von der Schwiegermutter ausgetauscht. Jetzt holten wir es uns nach Jena in unsere neue Wohnung. Ich war zufrieden, nun konnte unser zweites Kind im Februar 1972 kommen, denn ein großes Zimmer für die Kinder gab es auch.

Neben uns wohnte Familie Kästner, ein Rentnerehepaar, die mir und wir ihnen ans Herz wuchsen. Von Frau Kästner konnte ich viel lernen, und wenn es nötig war, passte sie auch mal auf meine Kinder auf. Als die Geburt bevorstand, kam Oma Paula aus Mühlhausen. In der Nacht von Montag auf Dienstag zum 17. Februar 1972 begannen die Wehen und H. brachte mich in die Universitätsklinik „Prof. Ibrahim" von Jena, wo auch ich geboren worden war. Die übliche Prozedur begann und dann lag ich im Kreißsaal als einzige Gebärende. Meine Wehen waren schwach und die Hebammen meinten, dass es noch dauern würde, bis das Baby komme. Sie verschwanden alle ins Schwesternzimmer, tranken Kaffee und sahen Fußball. Ich fühlte mich verlassen, hatte ein komisches Gefühl. Dadurch bekam ich Angst. Plötzlich kamen die Wehen in immer kürzeren Abständen. Ich rief nach der Hebamme, die mich nicht hörte, weil ich eine leise Stimme hatte und nicht laut schreien konnte. Dabei verkrampfte ich mich und die Beine schliefen ein. Es fühlte sich an, als würden mich Hunderte von Nadeln stechen, und die Wadenmuskeln wurden immer härter. Meine Stimme, die noch nie sehr kräftig war, versagte nun endgültig. Dann kam endlich eine Hebamme, die mir half, mich zu entspannen, richtig zu atmen, und ehe ich mich versah, war unsere Tochter da, die ich Manja nannte, weil ich sie nicht Manuela, nach einer berühmten Eiskunstläuferin, nennen durfte.

Sie war wunderschön mit braunen Augen und schwarzen kurzen Haaren, so wie ich aussah, als ich geboren wurde. Mein Baby schrie nur kurz und von da an schrie sie selten, sie war ein liebes, pflegeleichtes Kind und sollte es, bis sie erwachsen wurde, bleiben, mit einer Ausnahme. Die Augenfarbe veränderte sich in den nächsten Wochen, aus braun wurde blaugrau, und auch die Haare wurden immer heller. Mit den Jahren wurden die Haare lockig und aus ihr eine kleine süße Prinzessin, die mir kaum von der Seite wich. Nun hatte ich eine eigene komplette Familie, die ich hegen und pflegen wollte. Für die ich unser Leben so gestalten zu können glaubte, dass die Kinder sich in ihrem Wesen gut entwickeln konnten. Dafür wollte ich alles tun. Ich nahm mir vor, ihre Begabungen zu fördern, damit sie niemals einen Beruf ergreifen müssten, den sie nicht mögen. Ich war weit weg von der emanzipierten Frau, die ich heute bin und für die die geistige Freiheit zu einem großen Bedürfnis wurde.

Steffen, als „großer" Bruder, war mit seinen drei Jahren sehr stolz auf sein Schwesterchen. Einmal kam ich dazu, wie er am Bettchen seiner kleinen Schwester stand, sie liebevoll betrachtete und zu mir sagte: „Mutti, da kannst Du im Krankenhaus noch so eine kaufen." Es war wohl der Beginn einer Geschäftstüchtigkeit, mit der er als erwachsener Mann erfolgreich werden würde.

Die Tage waren ausgefüllt mit den Kindern und der gemütlichen Wohnung. Ich hoffte, das erste Jahr nicht arbeiten zu müssen. Der § 72 des Mutterschutzgesetzes der DDR von 1950 erlaubte uns Müttern in der DDR nach der Geburt, noch ein halbes Jahr zu Hause zu bleiben. Leider gestaltete sich das wirtschaftlich schwierig mit dem Gehalt meines Mannes als Alleinverdiener. Es gelang mir nicht, mit dem Geld, das mir zur Verfügung stand, auszukommen. Mit dem Flaschenpfand konnte ich das auch nicht überbrücken, wenn da nicht Tante Ella und Onkel Paul gewesen wären, die mir heimlich Geld zusteckten; es durfte aber keiner vom anderen wissen. Onkel Paul sagte: „Aber nicht Tante Ella sagen!" Und Tante Ella sagte: „Das braucht Onkel Paul nicht zu wissen."

Aus diesem Grund bewarb ich mich im Betrieb für Export und Import des VEB Carl Zeiss Jena um Arbeit und einen Krippen-

und Kindergartenplatz. Ich hatte von der Gründung dieses neuen Betriebsteiles gehört, und unbewusst hoffte ich, dort etwas von der großen, weiten Welt mit einatmen zu können. In mir war immer eine kleine Sehnsucht nach der Weite und nach fremden Ländern. Es war der erste Schritt in ein anderes Leben, was ich damals noch nicht ahnte.

In relativ kurzer Zeit bekam ich eine Arbeit als Finanzsachbearbeiterin in der Direktion für Ökonomie im Betrieb für Export und Import. Nun ging es für die Kinder früh raus, damit ich rechtzeitig im Betrieb sein konnte. Ich hatte ein schlechtes Gewissen und war einerseits unglücklich, weil ich meinen Kindern nicht noch eine Weile die häusliche Geborgenheit bieten konnte. Ich gehörte damals zu den Frauen, die davon ausgingen, dass der Mann das Geld nach Hause zu bringen habe. O-Ton der Oma, die einiges in mir prägte. Das ist mir erst heute bewusst. Mein Selbstbewusstsein war noch unterentwickelt und von Emanzipation hielt ich zu dieser Zeit nichts. Ich handelte intuitiv, ohne zu merken, dass ich mehr Verantwortung übernahm als mein Mann. Dem Wert einer Frau schenkte ich keine Aufmerksamkeit, was kein Wunder war. Die Frau stand auch in der DDR nach wie vor unter dem Mann, was jedoch anders interpretiert wurde, wie so oft, um den sozialistischen Staat als besonders menschlich hervorzuheben.

Es war Propaganda, dass Frauen und Männer gleiche Rechte und Pflichten hätten, stand auf dem Papier. Was jedoch in der Natur der Geschlechter nicht einfach zu leben ist. Die Evolution der Menschheitsentwicklung lässt sich nicht umschreiben. Es hätte dafür einer Gehirnwäsche der Männer bedurft. Die Männer hatten Mütter, die ihren Stolz, einen Sohn zu haben, auf ihre Söhne übertrugen, oder der Macho steckte in den Genen. Im Vergleich zu den Frauen im Westen hatten wir mehr Rechte, wir durften genauso arbeiten wie die Männer und in der Bezahlung gab es keinen Unterschied. Eine Zeit lang verdiente ich sogar mehr als mein Mann.

Es stellte sich heraus, dass Manja kein Krippenkind war. Sie weinte jämmerlich, wenn ich sie morgens in der Krippe lassen musste, und ich weinte mit. Steffen schrie zwar wie am Spieß, beruhigte sich nach zehn Minuten aber wieder und passte sich an. Ich beobachtete, dass Manjas Gesichtchen kleiner zu werden schien. Es war ein Weinen, das sehr verzweifelt klang. Sie war ein halbes Jahr und sagte schon „Mama". Nach drei Tagen rief mich die Leiterin der Krippe an und bat mich, umgehend Manja abzuholen, sie würde nichts zu sich nehmen, und sie glaube, dass sie noch nicht für die Krippe geeignet sei. Weinend holte ich mein Kind und ging mit ihr sofort zu unserer Kinderärztin, Frau Fischer. Sie untersuchte Manja, aber das brauchte sie gar nicht. Die erfahrene Kinderärztin sprach von einer Ernährungsstörung, Manja müsste auf Station, doch da würde sie sterben.

Ich kann nicht beschreiben, wie es mir daraufhin ging, es war schrecklich, die Angst um meine Tochter überfiel mich. Ich musste mit ihr zu Hause bleiben und bekam einen Ernährungsplan. Sie wollte nur in meinen Armen sein und wir kämpften einen Monat mit Möhrenwassersuppe, dann Brei, bis Manja wieder zunahm und ihr Zustand sich stabilisierte. Ihr Gesichtchen wurde wieder rund. Dieses frühe Trauma saß so tief, dass ich heute weiß, warum sie später eine Mutter wurde, die ihre Kinder rund um die Uhr überwachte, und das hatte schlimme Folgen.

Leider gab es damals keine Aufklärung, und wie ich an anderer Stelle bereits erwähnte, wurden in der DDR Traumata und psychische Erkrankungen nicht behandelt und nicht darüber geredet. Es gab das nicht. Im sozialistischen Arbeiter- und Bauernstaat hatten alle glücklich zu sein. Auch noch nach der Wende gab es lange keine Traumatherapie. Erst nach dem Zugunglück von Eschede am 3. Juli 1998 mit 101 Toten und 83 Schwerverletzten begann die Ursachenforschung und Suche nach Therapiemöglichkeiten. Bei frühkindlichen Entwicklungsstörungen war man in der DDR der Siebzigerjahre immer noch auf dem Stand von Freud. Auf die Idee, mir psychologische Hilfe zu holen, kam ich nicht.

An Arbeit war nicht zu denken, was unserem Geldbeutel nicht guttat. Ich war zwar krankgeschrieben, doch es musste eine Entscheidung her.

In der Nachbarschaft in einem angrenzenden Siedlungshaus wohnte ein Ehepaar. Mit der Frau redete ich über meine Sorgen. Eines Tages sprach mich ihr Mann an, der Direktor des Optikbetriebes von Carl Zeiss war. Er bot mir Heimarbeit an. Ich sollte für ihn zu Hause Rechnungen über den Kauf von Diamanten schreiben, die bei der Herstellung von optischen Geräten benötigt wurden. Man stellte mir eine alte Holzschulbank in die Küche und darauf eine alte Erika-Schreibmaschine. Den Stapel Rechnungen hatte ich zweimal in der Woche in der Buchhaltung des Optikbetriebes abzuliefern. Waren die Kinder im Bett, setzte ich mich an die Schreibmaschine. Vorher kam ich nicht zum Schreiben. Anfangs konnte ich nur mit vier Fingern die Zahlen in das Rechnungsformular tippen, was eine Sisyphusarbeit war. Meist saß ich bis nachts um eins an der Schreibmaschine, um das Pensum zu schaffen. Nun hatte ich zwar mehr Geld zur Verfügung, Zeit für die Kinder, aber mein Rücken schmerzte durch die ungewohnte und keineswegs gesunde Körperhaltung beim Tippen auf der Erika. Im Sommer, ein halbes Jahr später, war mir klar, dass ich das nicht mehr lange durchstehen würde. Ich schluckte Koffeintabletten, um wach zu bleiben, während es dem Ehegatten vor dem Fernseher gut ging und er trotz meiner Erschöpfung seine Rechte als Mann einforderte. Wir Frauen sind die Beziehungskünstler, wenn es um die Familie geht. Die Kinder gaben mir Kraft, und wenn wir zusammen waren, vergaß ich den Stress. Ich war unermüdlich am Tun und Machen und zahlte einen hohen Preis dafür. Das begriff ich erst in der letzten Etappe meines Lebens, als ich mich von allen verlassen fühlte. Keiner bemerkte damals, wie erschöpft ich oft war. Das entwickelte sich so weit, dass es kaum eine Situation gab, in der ich nicht die Triebkraft war, nur damit es uns einmal besser ginge, und der Gatte sollte der Hauptverdiener sein. Ich hatte klare Rollenvorstellungen, die ich bewusst lebte. Irgendwann merkte ich, dass ich ohne ein Beruhigungsmittel nicht mehr arbeiten konnte. Inzwischen war ich so kaputt, dass ich die Heimarbeit aufgab und beschloss, einen erneuten Versuch mit der Arbeit, Krippe und Kindergarten zu wagen. Ich wurde wieder an meinem alten Arbeitsplatz in der Ökonomie des Betriebes für Export und Import eingestellt.

Es schien diesmal alles gut zu gehen. In dieser Zeit nahm ich Kontakt zu meinem leiblichen Vater auf, der damals in Coswig lebte und Direktor für Vertrieb in dem dortigen VEB Zündholzwerk war. Nachdem er rehabilitiert worden war, hatte er ein Studium der Ökonomie mit Diplom absolviert. Eines Tages stand er in der Eingangshalle von Carl Zeiss vor mir und wir nahmen uns in die Arme, wir erkannten uns sofort nach 24 Jahren. Ein Knoten löste sich, wir konnten es kaum fassen, wieder vereint zu sein. Er erzählte mir, wie sein Leben nach dem Gefängnis verlaufen war. Ich erfuhr, dass er rehabilitiert worden war, der Verleumder stand später vor Gericht. Wir hatten die Rechnung ohne meine Mutter gemacht, der ich erzählte, dass mein Vater und ich uns getroffen hatten. Ich war glücklich darüber, dass ich immer ahnte, dass Vater unschuldig war. Sie gönnte uns das Glück nicht. Vielleicht machte sie sich nie Gedanken darüber, wie wichtig mir mein Vater war. Ich war ein Papakind.

Die Kinder lernten ihren Opa kennen und es entwickelten sich Familienbande zu meiner Halbschwester und der neuen Frau meines Vaters. Wir fühlten uns wohl miteinander; leider hielt das nicht lange an. Meine Mutter funkte dazwischen. Den Grund erfuhr ich erst Jahre später, als ich mich mit meinem Vater endlich aussprechen konnte.

Steffen und Manja wuchsen heran, gingen in den Kinderkarten und ich arbeitete als Finanzökonomin im Außenhandelsbetrieb des VEB Carl Zeiss Jena. Der Duft der großen, weiten Welt machte mir den verhassten Beruf erträglicher. Später leitete ich diesen

Bereich „Finanzen". Mein Mann absolvierte ein Ingenieurstudium der Elektrotechnik und wurde Mitarbeiter der Abteilung „Marktforschung" im Außenhandelsbetrieb des VEB Carl Zeiss Jena, der Mann von der Frau Glaubitz, das heißt, jeder fragte ihn, wenn er seinen Namen sagte: „Da sind Sie wohl der Mann von der Frau Glaubitz." Er nahm es äußerlich gelassen, aber es stachelte seinen Ehrgeiz an, den ich unterstützte. Dass sich da tief drinnen in ihm eine Überschätzung seiner Person breitmachte, erkannte ich zu spät. Unser erstes Auto war ein Saporoshez, „Chruschtschows letzte Rache" so nannten alle dieses Auto. Es war eine Miniausführung mit einem Motor, der bei über 60 km/h so heiß wurde, dass man ihn kühlen musste, um weiterfahren zu können. Unsere erste Fahrt damit an die Ostsee war eine Odyssee. Aber wir hatten ein Auto.

Es waren die Siebzigerjahre. Erich Honecker löste Walter Ulbricht ab. Zu einigen nicht sozialistischen Ländern wurden diplomatische Beziehungen aufgenommen, was auch dem Außenhandel des VEB Carl Zeiss Jena zugutekam. Die Wirtschaft bekam Aufschwung, die Preise waren stabil. In dieser Zeit fühlte es sich so an, als könnte der Sozialismus siegen, so wurde es deklariert. Nicht alle Menschen glaubten das. In meiner Naivität glaubte auch ich, dass wir ein sozialer Staat seien, der für alle das Beste wolle, keine Drogen, keine Prostitution, vor allem keinen Krieg. Ich war so sehr mit dem Alltag beschäftigt, schaute nicht über den Tellerrand. Hatte ich vergessen, wie ich in Gotha auf dem Weg zum Schwimmbad von einem Mann angesprochen wurde wegen meines Busens und meiner Figur? Er sagte, ich könne mit meiner Figur viel Geld bei der Leipziger Messe verdienen. Ich ließ ihn empört stehen und vergaß diesen Zwischenfall. Wie so viele Male, wenn Männer mich vor allen respektlos mit ihren Augen auszogen und ich im Betrieb jede Unterschrift bekam, wenn ich eilig eine Unterschrift auf einem wichtigen Dokument brauchte. Heute, 2018, wo dieses respektlose Verhalten von Männer gegenüber

Frauen endlich offen zur Sprache gebracht wird, überkommen mich Bitterkeit und Genugtuung zugleich. Wie hätte ich mich damals wehren können? Es waren unzählige Belästigungen, denen ich ausgesetzt war, die scheinbar an mir abprallten. Seit der „Me Too"-Debatte 2018 kamen auch bei mir die Erinnerungen an die vielen Belästigungen und den Missbrauch zurück.

Ich stellte den Antrag zur Aufnahme in die Partei. Mein Mann hatte diesen Schritt schon gemacht. Wir waren überzeugt, so mehr für ein besseres Leben in der DDR leisten zu können. Ein Feindbild ließ ich mir nicht einreden und was ich für unvernünftig hielt, versuchte ich auf anderen Wegen zu umgehen. Als ich die Gruppe der Finanzökonomie leitete, gelang es mir, zur damaligen Staatsbank-Filiale der DDR eine gute Zusammenarbeit aufzubauen. Das war wichtig. Wir mussten Mitte der Siebzigerjahre immer öfter Überbrückungskredite beantragen, damit die Gehälter für das Personal gezahlt werden konnten. Von der Produktionsphase bis zum Endprodukt musste das Kombinat in Vorauskasse gehen. Bis der Käufer aus dem nicht sozialistischen Wirtschaftsgebiet (NSW) gezahlt hatte, entstand eine Finanzlücke, für die ein Kredit durch eine Bank auch heute nicht ungewöhnlich ist. Diese Anträge musste der damalige Generaldirektor, Genosse Biermann, unterschreiben. Meinen ersten Antrag erhielt ich zerrissen ohne Unterschrift zurück mit der Begründung, dass wir keinen Kredit bräuchten. Gemeinsam mit dem damaligen Direktor der Bank bastelten wir einen neuen Antrag, den ich dann unterschrieben zurückbekam. Offensichtlich hatte der „Möchtegern-Napoleon" begriffen, dass er einem Irrtum unterlegen war.

Jedes Quartal kam eine spannende Aktion auf mich zu, die Erarbeitung des Quartalskassenplanes. Hatte ihn der Generaldirektor abgesegnet, durfte er nicht mehr geändert werden. Ich erwähne das, weil ich, als Abteilungsleiterin „Finanzen" im Arzneimittelwerk Dresden Mitte der Achtzigerjahre erlebte, wie vor dem wirtschaftlichen Zusammenbruch der DDR dieser Plan ständig geändert wurde. Er wurde passend gemacht, was nicht gelingen konnte. Die Schere zwischen Haben und Soll war zu groß geworden. Zurück in die Zeit, als so ein Plan noch Gesetz war. Hatten wir im Außenhandel diesen Plan endlich genehmigt bekommen, durfte ich den persönlich nach Berlin in das Ministerium für Außenwirtschaft bringen. Diese Dienstreise war mein kleines Abenteuer, das mich in die Hauptstadt führte. Nach diesem Botengang ins Ministerium blieb noch viel Zeit für einen Stadtbummel, den ich in vollen Zügen genoss. In Berlin gab es schon die ersten Exquisitläden mit Waren aus dem Westen. Es gab Geschäfte mit Delikatessen, Bananen, Orangen und Wurstsorten vom Feinsten. Inzwischen ging es uns finanziell besser. Ich hatte einen straffen Haushaltsplan festgelegt und so konnte ich einkaufen und mitbringen, wovon in Jena keiner eine Ahnung hatte, dass es das gibt. In diesen Läden duftete es wie aus den Paketen von der Tante aus Hannover. Heute haben wir das alles, nur der Duft scheint sich verflüchtigt zu haben.

Eines Tages kam die Anweisung vom Zentralkomitee der SED, dass jeder, der im Außenhandel tätig war, eine Erklärung unterschreiben musste, die jeglichen Verzicht auf Westkontakte bestätigte. Das war heftig, lebten doch die geliebte Tante, Onkel und Cousins in Hannover. Über meine Mutter ließ ich sie wissen, dass wir keinen direkten Kontakt mehr haben dürften. Von da an bekam ich die Pakete und Briefe über die Mutter. So machten es viele Menschen in der DDR. Wurde man erwischt, hatte das ein Disziplinarverfahren und einer Degradierung zur Folge. Einer Kollegin, die den Bereich „Arbeit und Soziales" leitete, die als hundertprozentige Genossin galt, passierte das. Es muss dumm gelaufen sein und wir waren nicht ohne Schadenfreude, weil sie als Genossin immer starke Reden gehalten hatte. Wir waren nicht taub und blind. Zu unterscheiden, was richtig und was politischer Unsinn war, bedeutete, sich möglichst diplomatisch auszudrücken und zu wissen, wem man was sagen durfte. Da die Arbeitskräfte nicht Schlange standen, konnte auch nicht auf jeden, der nicht unbedingt linientreu war, verzichtet werden. Ich bewunderte die Frauen, die im Außenhandelsbetrieb ins kapitalistische Ausland reisen durften, natürlich im Auftrag des Betriebs. So selbstbewusst wollte ich sein und ich wollte ein Auto fahren.

Als wir endlich unseren Trabant hatten, beantragte ich die Fahrerlaubnis und besuchte den dazu notwendigen Lehrgang. Bei allem Stress war das für mich sehr anstrengend und so fiel ich bei der theoretischen Prüfung wegen eines Vorfahrtsfehlers durch. Als mein Mann auf einer längeren Dienstreise war, nahm ich eine Woche Urlaub und bereitete mich erneut auf die Prüfung vor. Diesmal bestand ich die Theorie und die Praxis. Nun durfte ich endlich selbst Auto fahren. Der Kommentar meines Gatten war: „Denk nicht, dass Du schon fahren kannst, jetzt lernst Du das bei mir." Ihn neben mir zu wissen, war die Hölle. Er griff in die Lenkung ein und sagte mir ständig, wie ich fahren solle. An einem Morgen auf der Fahrt zur Arbeit war es wieder besonders dramatisch, so konnte ich keine Sicherheit beim Fahren erlangen. Am Ernst-Haeckel-Platz in Jena ging mir der Motor aus, weil mir mein Mann mal wieder in die Schaltung griff. Ich hatte die Nase voll, stieg vor aller Augen auf der Kreuzung aus, ließ ihn sitzen und lief zur Arbeit. Das war nicht unbeobachtet geblieben und sprach sich im Betrieb herum. Mir war es egal. Statt mir einen Vorschuss an Vertrauen zu geben, meckerte er ständig und deshalb fuhr ich nur selten. War er auf Dienstreise, freundete ich mich mit dem Trabant an. Es dauerte aber einige Jahre, bis ich so sicher fahren konnte, wie das heute der Fall ist. Mein Mann gab mir dasselbe Gefühl wie früher meine Eltern, wenn die sagten: „Du kannst nicht singen, Du kannst nicht rechnen."

Eines Tages klingelte es an unserer Haustür. Es war Freitagabend. Zwei Männer wollten uns einige Fragen zur politischen Lage in der Welt stellen und unsere Gesinnung testen. Es war das Jahr, als Chile in Aufruhr war. Sie hatten Papierbögen dabei mit vorgegebenen Fragen. Später, als ich mich innerlich fragte, was H. trieb, von dem ich nichts wissen durfte, ahnte ich, wozu dieser Test dienen sollte. In einem Streit sagte mein Mann: „Wegen Dir kommen wir nicht weiter. Du bist zu ehrlich." In Jena rührte sich Widerstand gegen die Politik der DDR. Ich bekam das alles nicht mit. Das Leben war ausgefüllt mit Arbeit, der Familie und meiner immer schwieriger werdenden Ehe.

Zum 25. Jahrestag der DDR sollte es vom 6. bis 7. Oktober 1974 in Berlin ein großes Jugendfest geben; ein Fackelzug sollte der Höhepunkt sein. Dazu bekamen die besten FDJler ein Mandat, das ihnen erlaubte, nach Berlin zu diesem Fest zu fahren, und dazu gehörte ich auch, ohne zu wissen, warum.

In dem Mandat hieß es: „Jugendfreundin Sigrid Glaubitz wird für vorbildliche Leistungen in der ‚FDJ-Initiative DDR 25' das Mandat zur Teilnahme am Fackelzug der FDJ am 6. Oktober 1974 überreicht. Wir beglückwünschen dich zu dieser Auszeichnung und erwarten von dir, dass du mit Einsatzbereitschaft und Begeisterung zum Gelingen des Fackelzuges beiträgst."

Dazu muss ich erwähnen, dass ich keine FDJ-Sekretärin in der Gruppe des Außenhandelsbetriebes war. Unsere FDJ-Gruppe bestand aus klugen jungen Leuten, die neben ihrer Familie und Arbeit nebenbei mit anderen FDJ-Gruppen im Wettbewerb standen. Da konnten wir nicht immer an allem teilnehmen. Einer von uns nahm immer teil, sodass ich über alles informiert war, dafür sorgten wir. Ich war Schriftführerin und somit lag es an mir, die Berichte zu schreiben. Darin war ich so gut, dass wir meistens die Sieger wurden. Darüber freuten wir uns diebisch. Mag darüber einer denken, wie er will, es blieb uns nichts anderes übrig, um nicht ständig der Kritik der obersten Leitung ausgesetzt zu sein. Wir waren eine gut funktionierende Gemeinschaft und hatten keinen IM dabei, sonst hätte das nicht geklappt.

Es sollte eine Auszeichnung für mich sein. Aber wofür? H. durfte auch mit, nachdem ich darum gebeten hatte. Oma Paula betreute unsere Kinder. In Berlin wurden wir bei Familien untergebracht. Die Familie, bei der ich in dieser Zeit lebte, wohnte in einem kleinen Haus in Berlin-Karlshorst und Genosse R. arbeitete im Ministerium für Staatssicherheit, wie ich im Laufe unserer Freundschaft erfuhr, die sich nach und nach entwickelte. Als ich erzählte, dass mein Mann auch zur Delegation gehörte, nahmen sie auch ihn auf. Heute bin ich mir sicher, dass das der Einstieg für H. in seine Zukunft war, die ich nie mitgegangen wäre, hätte er mich gefragt. Oder gab es schon einen Plan? Nach all den Jahren wurde mir klar, dass ich unter Beobachtung stand und wir diesem Mann zu verdanken hatten, dass H. den Weg gehen konnte, den er sich wohl wünschte. R. gab irgendwann zu, als ich seine Familie nach einem Zwischenaufenthalt von Moskau kommend besuchte, dass er es war, der unsere Personalakten geprüft hatte. Ihm hatten wir zu verdanken, dass H. Reisekader werden konnte, und das für das kapitalistische Ausland, obwohl auch er Verwandte im Westen hatte. Ich hatte diesmal einen sauberen Eindruck hinterlassen und keine Ahnung, was da vor sich ging.

Im Staat begann es zu rumoren. Rudolf Havemann, ein berühmter Physiker, wurde unter Hausarrest gestellt. Wolf Biermann wurde ausgebürgert und H. bekam seine ersten Dienstreisen nach Brasilien und Argentinien. Unsere Familie sollte für einen Auslandseinsatz nach Kuba vorbereitet werden.

Offenbar war man sich unser inzwischen sicher und es gab keinen Zweifel mehr an mir. In dieser Zeit besuchte uns R. in Jena und er kam nicht allein. Ihn begleiteten zwei Genossen der Stasi. Sie stellten sich so nicht vor, doch es war mir klar, nachdem sie erklärten, was sie bei uns wollten, wer sie tatsächlich waren. Sie hatten es auf unsere Mansarde abgesehen, von der aus man eine Tochter von Havemann beobachten wollte, die in einem der Häuser wohnen sollte, die unserem gegenüberlagen. In Jena gruppierten sich die studentische Jugend und die Kirche gegen die Maßnahmen im Fall Havemann und Wolf Biermann. Noch immer war mir nicht klar, dass H. Kontakt zur Stasi hatte und bereits mit denen verstrickt war. Was hätte ein Nein bedeutet? Sie wollten nur beobachten. Ich saß still dabei. Ahnte ich, was ein Nein für unsere Familie für Folgen gehabt hätte? Irgendwie fand ich es seltsam, als die beiden Genossen in unsere Mansarde einzogen. Sie saßen vor dem kleinen Fenster und beobachteten den ganzen Tag mit einem Feldstecher das Wohngebiet gegenüber, wie langweilig.

Sie taten mir leid und so versorgte ich sie mit belegten Broten, Kaffee und Kuchen. Wie kann man sich nur für so was hergeben, dachte ich dabei. Solche Gedanken teilte ich H. nicht mit; warum, kann ich nicht sagen. Ich handelte oft intuitiv, dafür brauchte ich keinen Plan, das war so ein Bauchgefühl. Irgendwann waren die Männer verschwunden. Sie bedankten sich mit einem großen Blumenstrauß und einer edlen Flasche Sekt. Wir sprachen nicht weiter über diese Aktion. Ein undefinierbares Gefühl beschlich mich, das ich nicht erklären konnte. Alle Sinne waren auf Habeachtstellung.

In Vorbereitung unseres Einsatzes in Kuba sollte H. nach Havanna reisen und sich mit dem damaligen Handelsvertreter bekannt machen. Für mich bedeutete das, dass ich mein Abendstudium zur Außenhandelsökonomin, dass ich nebenbei absolvierte, vergessen konnte. Es fehlte noch ein Intensivkurs in Russisch, der in Leipzig stattfinden sollte und meine Abschlussarbeit. Leistungsmäßig war ich auf Einserkurs. Unser Innenrevisor war mein Mentor, ein unsympathischer, schmieriger Genosse, sehr dick, mit Augen, die mich auszuziehen schienen. Als er meine Abschlussarbeit auseinandernahm, meinte er, das wäre eine Literaturarbeit, aber keine Abschlussarbeit in Außenhandelsökonomie, zu viele Adjektive und zu lange Sätze. Wie er mir das so kalt, emotionslos erklärte, mich dabei ansah, wusste ich, dass ich nur mit ihm schlafen musste und ich hätte die beste Abschlussarbeit vorgelegt. Vielleicht war es auch ein abgekartetes Spiel, weil man mir eine andere Rolle zuschrieb. Wenn es so war, dann kannten sie mich schlecht, denn so ein Spiel machte ich nicht mit. Ich steckte das intuitiv weg, denn da ich den Intensivlehrgang in Russisch zeitlich bedingt ohnehin nicht beginnen konnte, war ich notgedrungen gezwungen, auf den Abschluss meines Studiums zu verzichten. Es war mir aber nicht mehr wichtig, denn Havanna und meine Kinder waren mir wichtiger. Dass sich die DDR im Laufe der Zeit in eine andere Richtung entwickeln würde, wo einmal weder das Fachschulstudium noch das Außenhandelsstudium einen Wert haben würde, konnte damals keiner wissen. Wie immer, wenn etwas anders als erwartet verlief, hielt ich mich mit den Ursachen nicht länger auf.

Mein Mann kam nach einem Vierteljahr sonnengebräunt, voller Erlebnisse, mit aufgespartem Testosteron, Havanna-Rum und Geschenken aus dem Duty-free-Shop zurück. Wir wollten das feiern und luden die Eltern ein, weil wir sie teilhaben lassen wollten an den Erlebnissen ihres Schwiegersohnes. Es sollte in einem Drama enden. Vater Gerhard konnte nicht begreifen, dass man einen Mann für so eine lange Zeit ins Ausland schickte, nur um zu prüfen, ob die Chemie zwischen zwei Menschen stimmt, die in einem schwierigen Land zusammenarbeiten sollten. Sie konnten unsere Freude nicht mit uns teilen und verließen erbost vorzeitig unsere Wohnung.

Leider kam bald aus Havanna der Bescheid, dass der dortige Handelsvertreter nicht mit H. arbeiten möchte, was akzeptiert wurde. Wir lernten uns in Moskau kennen und ich konnte mir vorstellen, dass dieser kluge Mensch ahnte, dass mein Mann noch einen anderen Auftrag hatte und sich nicht in die Karten sehen lassen wollte. Vielleicht war es auch die Großspurigkeit, mit der H. begann aufzutreten, was nicht jedem gefiel. Möglicherweise hatte sich unter den Reisekadern herumgesprochen, dass es H. war, der einen Genossen aus Brasilien zurückholte, weil er angeblich dort fremdgegangen sei. Ein einfacher Verdacht einer dummen eifersüchtigen Ehefrau reichte da aus. Er hatte den Fehler begangen, in seinem Spint Fotos von schönen brasilianischen Frauen an die Innentür zu kleben. Das war für die DDR-Reisekader ein absolutes No-Go. Der einfache Verdacht führte zum Abbruch des Einsatzes im Ausland und in die hinterste Arbeiterreihe in die Produktion.

Die Ereignisse überschlugen sich. Der nächste Plan sollte uns nach Warschau führen. In dieser Zeit hatte das Außenhandelsministerium die Anweisung erteilt, den Bereich Finanzökonomie aufzulösen. Ich war fassungslos und sprach laut aus, dass das eine Dummheit sei, was schnell wieder rückgängig gemacht wurde, da war ich aber schon mit Mann und den Kindern in Moskau. Innerhalb einer Woche gab es eine Umstrukturierung und ich hing wegen des geplanten Auslandseinsatzes in der Luft.

Zur gleichen Zeit wurde der Direktor für die Inlandsproduktion vom Generaldirektor suspendiert. Dr. B. musste innerhalb von 24 Stunden seinen Chefsessel verlassen, das verkraftete sein Herz nicht. Dr. B. war Jurist und angeblich auch während der Nazizeit in Jena als Jurist tätig und in der NSDAP. Die Stelle des Direktors für diesen Bereich war nun unbesetzt und es gab auf die Schnelle keinen Nachfolger. Ich war 26 Jahre und sollte den Platz von Dr. B. übernehmen, bis ein Nachfolger gefunden war. Mir sollte ein Pate an die Seite gestellt werden, mit dem ich wichtige Entscheidungen besprechen konnte. Man machte mir Mut, es wäre ja nur für kurze Zeit, das Team wäre in Ordnung und ich könnte mich auf alle verlassen. Was hatte ich zu verlieren? Spielte ich eben mal Direktorin und übernahm die Verantwortung. Es gab eine Dienstberatung, in der ich dem Team vorgestellt wurde. Mir schlug das Herz bis zum Hals und meine Knie unter dem großen Schreibtisch zitterten. Keiner dieser Kollegen ließ mich im Stich. Einer war ein Nachbar im Haus nebenan in der Fritz-Reuter-Straße, wo wir wohnten. Er lachte mich an, als er mich sah, dabei sagte er: „Behandle alle Menschen mit Respekt, einer könnte Dein Chef oder Deine Chefin werden." Dieser Kollege unterstützte mich sehr. Sie behandelten mich respektvoll und halfen mir, mich einzuarbeiten. Das Büro von Dr. B. war sehr groß mit einem langen Beratungstisch und

Schränken voller uralter Zeitschriften der Elektrotechnik, Elektronik und so weiter, die sich alle mein Mann für sein Studium holte. Ich räumte auf. Dabei fand ich ein Schreiben in einer Unterschriftsmappe, auf dem sich der Generaldirektor Dr. Biermann verewigt hatte. Es war das Corpus Delicti für Dr. B. Darin ging es um einen Auftrag, der nicht unterschrieben zurückkam, aber mit der Bemerkung: „Ich mache Sie fertig, Sie haben hier nichts mehr zu suchen." Oder so ähnlich, an den genauen Wortlaut kann ich mich nicht erinnern. Der Stil dieses Generaldirektors war uns allen nicht neu. Jeder der Direktoren hatte schon seine eigenen Erfahrungen damit gemacht. Biermann war unberechenbar. Er begann morgens um drei zu arbeiten. Direktionssitzungen fanden grundsätzlich am Sonnabend statt, und wenn er gute Laune hatte, ließ er den Paternoster und den Fahrstuhl sperren. Sein Büro befand sich im 14. Stock und er ließ seine Direktoren die Treppen hochlaufen. Er freute sich diebisch, stand grinsend im Türrahmen, wenn einer nach dem anderen schnaufend oben ankam. Der kleine Dicke benahm sich wie ein Napoleon.

Die große Verantwortung belastete mich. An Schlaf war nicht mehr zu denken, denn die Aufgaben, Entscheidungen, die ganze Situation war für mich ein paar Nummern zu groß, redete ich mir ein. Zum Glück hatte ich Tante Ella, die sich um die Kinder kümmerte. Steffen und Manja gingen inzwischen in die Schule. Sie entwickelten sich gut, es gab keine Beschwerden. Die Wochenenden gehörten ganz den Kindern.

Ich saß wieder mal an dem großen Schreibtisch, als das Telefon klingelte. Es war Dr. B., der gehört hatte, wie jung ich war und sich wohl deshalb dachte, ich sei überfordert. Er bot mir jegliche Hilfe an, wenn ich mal nicht weiterkam. Es tat mir leid um ihn, nicht alle waren Schweine, die bei den Nazis waren. Was wussten wir schon? Die Gerüchteküche sprudelte, wie immer bei einem Skandal. Mein Gefühl sagte mir, nicht vorschnell einen Menschen zu verurteilen, von dem ich nicht alles weiß. Mein Vater wurde verurteilt und war unschuldig. Ich bedankte mich für das Angebot von Dr. B. und teilte ihm mit, wie leid es mir tat, dass so mit ihm umgegangen wurde. Wir wünschten uns alles Gute. Ich hatte nur ein vages Bild von diesem Mann, der groß und hager war, so wie man sich einen Advokaten vorstellen mag. Er kann nicht kaltherzig gewesen sein, sonst hätte er mich nicht angerufen. Oder war ich mal wieder zu naiv im Glauben an das Gute?

Während dieser Jahre entwickelte Zeiss die Multispektralkamera, die MKF 6, mit der man die Erde erforschen konnte. Das war eine Sensation und die Kamera sollte auch bei einer russischen Weltraummission 1976 zum Einsatz kommen. Es handelte sich um das Raumschiff - die Sojus 22 mit den Kosmonauten Waleri Fjodorowitsch Bykowski als Kommandant und Wladimir Wiktorowitsch Aksjonow als Bordingenieur. Im gesamten Kombinat herrschte eine euphorische Stimmung. Nach der glücklich verlaufenden Mission besuchten die beiden Kosmonauten den VEB Carl Zeiss in Jena. Der Außenhandelsbetrieb sollte den Empfang organisieren und zwei FDJler Blumen zur Begrüßung überreichen, ich war eine davon. Begeistert standen wir wartend in unserer blauen Bluse vor dem Betrieb.

Als das Auto mit den Kosmonauten ankam und beide ausstiegen, schlug mein Herz sofort für Aksjonow, er sah blendend aus, groß, schlank, sportlich, mit edlen Gesichtszügen, die ihn sympathisch und klug erscheinen ließen. Wie James Bond, war mein erster Gedanke. Ihm wollte ich den Blumenstrauß überreichen. Leider kam zuerst Bykowski auf mich zu, klein, rundlich, und so übergab ich ihm den Strauß und bekam einen Kuss auf die Wange. Ein Kosmonaut hatte mich geküsst. Es erfüllte mich mit großer Freude, bei diesem Empfang dabei gewesen zu sein. Ich sollte beiden Kosmonauten in Moskau im Sternenstädtchen, dem Ort, in dem die Kosmonauten teilweise trainierten, noch einmal begegnen. Die Weltraumflüge sind heute schon selbstverständlich und man hört davon nur nebenbei. Damals verfolgten wir jede

Mission mit Spannung, fieberten mit und freuten uns über die erfolgreiche Rückkehr der Kosmonauten. Von den nicht geglückten Flügen und Toten erfuhren wir nichts. Erst als ich 1982 im Sternenstädtchen bei Moskau die Galerie der Kosmonauten sah, bemerkte ich an einigen Fotos, die dort hingen, ein Kreuz. Es stand auch jeweils die Mission dabei, die diesen Kosmonauten das Leben gekostet hatte.

5 Moskau, UdSSR, 1980–1983

Es war so weit, unser Auslandseinsatz sollte in Moskau der damaligen UdSSR sein. Kisten wurden gepackt mit allem, was für uns wichtig war, damit wir die Wohnung in Moskau gemütlich einrichten konnten. Unsere Wohnung in Jena konnten wir behalten, das war so üblich in der DDR. Das hatte den Vorteil, dass wir nie in ein Hotel mussten, wenn wir in den Heimaturlaub fliegen durften. Für die Repräsentanten aus der BRD war das anders, sie mussten ihre Wohnung aufgeben, denn sie hatten keine Sicherheit, nach ihrem Auslandseinsatz in ihrem Unternehmen wieder eingegliedert zu werden. Für uns bedeutete ein Auslandseinsatz nach der Rückkehr entweder ein Aufstieg in der Hierarchie oder ein Abstieg, wenn man sich nicht an die Regeln gehalten hatte. Eine Regel war zum Beispiel, keinen Kontakt zu westlichen Leuten aufzunehmen oder sich in einen verheirateten anderen Partner zu verlieben – das führte unweigerlich zum Abbruch des Einsatzes. Der Mann oder die Frau fand sich dann in der Produktion als Arbeiter wieder. Sich in einen Landsmann zu verlieben, dort, wo man im Einsatz war, kam einem Verrat gleich.

Wir waren aufgeregt vor unserem Abenteuer. Für die Kinder bedeutete es einen Schulwechsel und Freunde zurückzulassen. Abschied von den Eltern und Geschwistern. Während des Abschieds von meinen Eltern ergab sich eine merkwürdige Szene. Vater Gerhard sagte meinem Mann vollkommen zusammenhanglos: „Sei immer gut zur Sigrid, sie ist wertvoll. Ich muss mich entschuldigen, weil ich zu spät gemerkt habe, dass sie ein tüchtiger Mensch ist." Warum konnte er mir das nicht persönlich sagen? Wir sollten uns nie wieder bei vollem Bewusstsein sehen. Als ich ihn das letzte Mal wiedersah, lag er auf der Intensivstation im Krankenhaus Süd in Arnstadt. Nach einem zu spät erkannten Zuckerschock gab es nur noch zwei Optionen, sterben oder ein Pflegefall werden. Denke ich zurück, als ich Vater Gerhard sah, bemerkte ich sein schlechtes Aussehen. Er ging nie zum Arzt. Der Stiefvater fand, dass die Ursache seiner körperlichen Schwäche mit den Problemen in der Ehe zu tun hätte. Meine Mutter war nach einer Totaloperation immer unberechenbarer geworden. Sie war unzufrieden und ungerecht. Ich erinnere mich, wie sie mich nach einem gemeinsamen Urlaub mit Gerhard zu ihrem 25. Hochzeitstag empfing. Sie war wie gelähmt, maskenhaft und teilte mir mit, ich solle die Kaffeetafel decken, sie könne das nicht. Ein anderes Mal wollte sie die Kaufhalle leiten, die in Ichtershausen gebaut wurde.

Ihr Stimmungswandel zwischen Hoch und Tief war nicht mehr zu übersehen. Die Mutter war manisch-depressiv. Das wurde mir erst klar, als ich mich mit Psychologie beschäftigte und die Symptome bei der Mutter erkannte; da war es jedoch zu spät. Das Drama war nicht aufzuhalten gewesen.

Wir waren einfach unaufgeklärt. Es gab im Gegensatz zu heute keine Informationen und keine Aufklärung über Krankheitssymptome bei psychischen Erkrankungen. Als ich schon wieder in Moskau zurück war, schlief Vater Gerhard drei Wochen später ein. Zu seiner Beerdigung konnte ich nicht kommen. Sicher hatte er nicht mitbekommen, dass ich das einzige Kind war, das ihn auf der Intensivstation besucht hatte. Er lag so friedlich verbunden mit den lebenserhaltenden Schläuchen in seinem Krankenbett, dass ich mir nicht vorstellen konnte, dass er sterben würde. Da stand ich vor dem Mann, der mir immer Angst eingeflößt hatte, bei dem ich zusammenzuckte, wenn er nach Hause kam. Ich trauerte um unsere nicht immer schöne Beziehung. Er war erst 55 Jahre. Bei allem, was er mir unbeabsichtigt angetan hatte, konnte ich ihm verzeihen. Warum hatte er sich nicht mit mir aussprechen können? Er war nicht dumm, er hatte sich nur jeder Weiterbildung verweigert. Seine leibliche Tochter war abgehauen, als ich aus Moskau kam. Sie bräuchte mal wieder was zum Lachen, sagte sie zu mir und weg war sie.

Es war kein Abschied für immer, dachte ich damals, denn so ein

Einsatz war immer für fünf Jahre geplant. Dass alles anders kam, sollte unserer Familie völlig neue Wege eröffnen, die interessant waren, aber auch ungeahnte Folgen für unser Leben hatten.

Am 3. August 1980 standen wir im Terminal des Flughafens Berlin-Schönefeld. Die Kinder und ich hatten noch nie ein Flugzeug bestiegen. Wir flogen mit der Aeroflot in einer Tupolew vom Typ TU-154. Sie flog inzwischen internationale Flughäfen an. Dass ich auch mal im großen russischen Jumbojet IL-86 fliegen würde, ahnte ich noch nicht. Als wir unsere Plätze eingenommen hatten, hörte ich, wie meine Tochter sagte: „Ich bin noch so klein und fliege jetzt in einem Flugzeug", dabei machte sie ein ernstes Gesicht. Sie sollte in Moskau in die 5. Klasse der Botschaftsschule der DDR neu eingeschult werden. Mein Sohn würde die 7. Klasse besuchen. Ich ging davon aus, dass die Kinder begreifen würden, dass ihnen eine neue Welt offenstand und es für sie förderlich sei, aus dem spießigen DDR-Alltag herauszukommen. Es sollten spannende Jahre werden. Nie hätte ich gedacht, dass sie mir eines Tages das zum Vorwurf machen würden. Erst als sie erwachsen waren, teilten sie mir auf unterschiedliche Weise mit, wie schwer sie es empfunden hatten, als sie aus ihrem gewohnten Leben gerissen wurden. In meinem Bemühen, für uns ein anderes Leben mit mehr Möglichkeiten und stabiler Existenz zu erreichen, fragte ich nicht, ob sie das auch so wollten. Ich hatte nicht gelernt zu fragen; man hatte mich auch als Kind von einem Ort zum anderen mitgenommen, das war so. Heute wird ein kleines Kind schon gefragt, ob es beim Spazierengehen rechts oder links in die Straße einbiegen möchte. Das ist nur ein simples Beispiel.

Wir landeten auf dem für die Olympischen Spiele 1980 neu erbauten Flugplatz Moskau-Sheremetjewo-II. Für mich riesige Terminale. Bevor wir zur Passkontrolle gehen durften, mussten wir Zollformulare ausfüllen, was nicht so einfach war, denn die waren nur in russischer Sprache zu verstehen. Als wir das alles hinter uns hatten, konnten wir aufatmen. Ein Kollege von Carl Zeiss wartete schon in einem Auto vom Typ Wolga auf uns. Aus dem Pkw herausschauend, staunte ich über die Größe dieser Stadt mit den gewaltig wirkenden Stalinbauten und den breiten Straßen, die teilweise in schlechtem Zustand waren. Eine Ausnahme bildeten die Hauptstraßen, über die die Diplomaten und Politiker gefahren wurden, das war zum Beispiel der Leninsky - Prospekt. Die Geschäfte, an denen wir vorbeifuhren, sahen auf den ersten Blick merkwürdig aus, jedenfalls nicht einladend. Die Eingangstüren sahen aus wie Holztore, und die Auslagen, falls es welche zu sehen gab, waren sehr bescheiden. Die massiven Eingangstüren hatten allerdings einen Sinn, nämlich wenn der russische Winter tobte, schützen sie die Verkäuferinnen und die Einkaufenden vor der Kälte. Das Kontinentalklima brachte lange Winter und heiße Sommer. Frühling und Herbst gab es nur kurze Zeit. Innerhalb weniger Tage erfolgte der Übergang vom Frühjahr zum Sommer. Der Winter konnte damals von Oktober bis Mai dauern. Inzwischen hat sich auch dieses Klima verändert, so wie in Europa. Es ist wärmer geworden und die Winter sind nicht mehr so lang und kalt.

Wir richteten uns ein. Alle DDR-Bürger, die in Moskau für verschiedene Kombinate oder Außenhandelsbetriebe im Einsatz waren, wohnten in einem ausschließlich für sie vorgesehenen Wohngebiet, dem Moskauer Stadtteil Jugo Sapadnaja, Metrostation Wernadskowo, im südwestlichen Teil von Moskau. Von den vier Hochhäusern zogen wir in eine Dreiraumwohnung in die 7. Etage. Wir hatten einen großen Balkon mit Blick über die Stadt. Die Zimmer waren mit Möbeln aus DDR-Inventar ausgestattet. Schnell lebten wir uns ein. Mein Mann wurde als Kundendienstingenieur in der Repräsentanz des VEB Carl Zeiss eingestellt. Gern wäre ich noch etwas zu Hause geblieben, doch der Kaderleiter in Jena, heute Personalleiter genannt, hatte mich bereits als Sekretärin für das technisch-kommerzielle Büro des VEB Chemieanlagenbau Leipzig-Grimma (CLG) „verkauft". Ich hatte keine Wahl.

Als mitreisende Ehefrau durfte man im Ausland nur als Sekretärin oder Sachbearbeiterin mitarbeiten. Dafür gab es im Monat 84 Rubel als Auslandsvergütung. Für die Arbeit als Sekretärin zahlte mir der Chemieanlagenbau circa 700 DDR-Mark, die monatlich auf unser Konto in Jena gingen. Das Gehalt meines Mannes lief in der DDR weiter und er bekam circa 170 Rubel Vergütung. Die Miete und Nebenkosten übernahm der delegierende Betrieb.

Wir verdienten trotzdem mehr als die Bürger der Sowjetunion und konnten uns mehr leisten. Die Metro kostete 5 Kopeken. Es war ein ungeschriebenes Gesetz, dass jeder Dienstreisende, der zeitweise in Moskau zu tun hatte, Lebensmittel mitzubringen hatte. Auf der Wunschliste standen Hackepeter, Salami, Käse und frisches Fleisch. Als ich das erste Mal ins „Universam" ging, so hieß das, was wir Kaufhalle nannten, wunderte ich mich über die geringe Vielfalt der angebotenen Produkte. Fleisch gab es nur auf dem „Rynok", dem Bauernmarkt. Würden unsere heutigen Grünen das gesehen haben, hätten sie einen Hygieneaufstand veranstaltet.

Im „Universam" unseres Wohngebietes, gab es nur zwei Sorten Wurst, die nur im gebratenen Zustand für unseren Geschmack zu genießen waren oder gleich verzehrt wurden. Am nächsten Tag sah die Wurst aus wie vom Donnerschlag getroffen. Gab es so was wie Wiener Würstchen, stand man an, obwohl die wie nackige Finger aussahen; wir nahmen es mit Humor. Das Gemüse und die Kartoffeln sahen teilweise aus, als wären sie durch eine Mangel geschoben worden. Die Sowjetunion hatte eine staatlich zentral geleitete Landwirtschaft entwickelt. Dazu kamen sehr weite Transportwege, aufgrund der Größe des Landes mit elf Zeitzonen, einem Territorium von der polnischen Ostgrenze bis Wladiwostok am Stillen Ozean.

Vieles kam aus Mittelasien und es gab keine Kühlcontainer wie im Westen. Die Kartoffeln und das Gemüse wurden auf offene Lastwagen geworfen und durch Wind und Wetter bis Moskau oder andere Städte transportiert. Aus diesem Grund kauften wir am Wochenende auf dem Bauernmarkt ein, dem „Rynok". Das war jedes Mal ein Abenteuer, besonders wenn es geregnet hatte. Die Hühner lagen offen gerupft auf den Ladentischen, Fleisch wurde am Stück mit einem Beil abgetrennt. Es gab kein System und ein großes Durcheinander. Alles kam aus der eigenen Produktion, aus den Gärten am Rand von Moskau. Davon lebten viele Russen und wir wussten, wo es herkam.

Mein neues Leben begann nun jeden Morgen damit, nachdem die Kinder zur Schule gingen, die sich gleich gegenüber von unserem Wohngebiet befand, mich auf dem großen Parkplatz unseres Wohngebietes einzufinden. Dort standen die Dienstfahrzeuge, in der Regel Moskwitsch und Wolga. Gemeinsam fuhren wir in unser Büro, das sich in der Donskaja- Straße in der Nähe des Oktjabrskaja - Platzes befand. Unser Fahrer hieß Wolodja, mit dem mich bald eine herzliche Freundschaft verband. Sein Schicksal berührt mich noch heute. Er war Alkoholiker. Im Dienst war er stets nüchtern, treu und zuverlässig. Nach der Wende brauchte man ihn nicht mehr. Er starb an einem Wintertag auf einer Parkbank.

Der erste Arbeitstag war langweilig. Das Büro war geteilt in den Teil, in dem die Mitarbeiter vom Industriekombinat „Ernst Thälmann" Magdeburg (SKET) und vom Chemieanlagenbau Leipzig Grimma (CLG) arbeiteten.

Mein zukünftiger Chef befand sich noch im Tjumener Erdölgebiet im Norden von Sibirien und beendete dort 1980 erfolgreich seine mehrjährige Tätigkeit als Leiter des Montageteams von Anlagen zur Aufbereitung von Erdöl.

Ich wartete gespannt auf den Chef, der sich noch in Sibirien befand. Da er noch abwesend war, setzte man mich in den Bereich der Magdeburger Kollegen, wo ich nichts zu tun hatte. Die Gerüchte um den neuen Leiter des technisch-kommerziellen Büros vom CLG beschäftigte allerdings das Team auf hinterlistige Weise. Etwas war nicht koscher mit ihm und seiner Familie.

Mich beeindruckte das nicht im Geringsten, sondern es machte mich erwartungsvoll. Es war eine Entscheidung, die mit meinem Vater zu tun hatte, nie voreilig einen Menschen vorzuverurteilen. Das Leben gab mir recht. Doch in diesem Fall sollte ich voll danebenliegen. Dann ging nach einer Woche die Tür auf und da stand er, der mein zweiter Ehemann werden sollte, was ich da noch nicht ahnte. Ein großer, sehr schlanker Mann mit blauen Augen, sein Blick offen auf mich gerichtet, dunkle Haare, der Ansatz schon etwas gelichtet. Er strahlte eine Souveränität und Ruhe aus, die mich sofort für ihn einnahmen. Sein Charme war ansteckend. An die Gerüchte glaubte ich nicht. Wie immer hörte ich nicht auf das Gerede der anderen, sondern wollte mir ein eigenes Bild machen. Dass das ein Fehler war oder auch nicht, konnte ich damals nicht wissen. Meine Gefühle sollten mich mal wieder in die Irre führen, was ich erst nach einem langen, mühseligen Prozess mit Höhen und Tiefen erkennen sollte.

Eine gemeinsame intensive Arbeit begann. Ich freute mich jeden Morgen, mit ihm in den „Wolga" zu steigen. Er wartete immer schon rauchend auf mich, er rauchte stark und ich schloss mich dem an. Wir konnten uns prächtig unterhalten, dachte ich. Sehr viel später erst wurde mir klar, dass er alles sehr schnell wieder vergaß. Sein Interesse anfänglich, wenn überhaupt, galt nur meinem Äußeren und der Art, wie er sich unterhalten fühlte. Eigentlich war er ein schüchterner Mann, gestärkt durch seine Position, die ihm eine gewisse Macht verlieh. Sein Schreibtisch war das reinste Chaos und mir war nicht klar, wie er mit den vielen Zetteln voller Notizen und Bergen von Unterlagen, die ihn umgaben, den Überblick behielt. Ein Ablagesystem gab es nicht und ich begann, Ordnung zu schaffen – wieder mal.

Das erste Jahr in Moskau verlief beschaulich bis auf die Unterbrechung durch den plötzlichen Tod meines Stiefvaters und einen vereiterten Blinddarm in Steffens Bauch. Am frühen Morgen sah ich wie immer nach den Kindern, um sie zu wecken. Da hörte ich Steffen stöhnen und ich sah ihn mir an. Die Stirn war heiß, er musste Fieber haben, und er klagte über Schmerzen rechts im Bauch. Sofort ließ ich ihn sein rechtes Bein nach oben beugen und dabei schrie er vor Schmerzen. Aus eigener Erfahrung ahnte ich, dass es sich eventuell um eine Blinddarmentzündung handeln könne. Ich rief im Büro des Vaters an und sprach mit Natascha, der Dolmetscherin, die umgehend die „Schnelle Hilfe" bestellte. In kurzer Zeit traf sie ein und zusammen mit meinem Sohn wurden wir durch Moskau ins Rossakov-Krankenhaus gefahren. Ich hatte keine Vorstellung, wo das war und konnte nur wenig Russisch. Als wir ankamen, wurde Steffen in einen Rollstuhl gepackt und ich lief hinterher. Was ich dort sah, war erschreckend. Auf den Gängen Betten mit kranken Menschen, schmutzige Korridore, wenig Hygiene. Nach der ersten Untersuchung war klar, dass Steffen sofort operiert werden musste, sonst hätte der Blinddarm platzen können.

Ich stand total neben mir. Mir blieb nichts weiter übrig, als Steffen zu beruhigen und uns in blindem Vertrauen den russischen Ärzten zu ergeben und dann die Klinik zu verlassen. Dann stand ich irgendwo in Moskau und hatte keine Ahnung, wie ich nach Hause kommen sollte. Ein Handy gab es noch nicht, nur das Telefon in der Rezeption, die nicht besetzt war. Rechtzeitig entdeckte ich ein Taxi, und so viel konnte ich sagen, dass mich der Taxifahrer zurück nach Jugo Sabadnaja bringen konnte. Als ich wieder in der Wohnung war, rief ich Natascha an, die sich über Steffens Zustand im Krankenhaus informierte. So erfuhren wir von der gelungenen Operation und dass der Vater noch am Abend den Sohn besuchen dürfe.

Als H. zurückkam, war er außer sich, weil er Steffen in einem Kinderbett mit Gittern davor vorgefunden hatte. Es gab in diesem Krankenhaus keine freien Betten. Steffen lag gekrümmt in dem Kinderbett. H. gelang es nach einigen Protesten, dass unser Sohn ein für seine Körpergröße passendes Bett bekam. Für Steffen muss das ein Albtraum gewesen sein, doch er hat alles gelassen über sich ergehen lassen. Nach einer Woche durften wir ihn nach Hause holen und die kleine Narbe bewundern, die man heute kaum noch sieht. Bei all den gruseligen Krankenhauszuständen – der operierende Arzt hatte sein Handwerk verstanden.

Wir schlossen Freundschaften. In der Botschaftsschule konnten wir auch feiern. Ein Kollege von Transportmaschinen war Hobby-DJ und legte die neuesten Schlager aus dem Westen auf. Dabei vergaßen wir, wo wie waren, und tanzten vor Freude und Glück. Anlässe gab es genug. Auch meine Kinder hatten einen neuen Freundeskreis und fühlten sich offensichtlich wohl. Steffen kam in die Pubertät und das Chaos ins Jugendzimmer, schwierige Diskussionen, dann auch noch die Jugendweihe, die ein besonderer Höhepunkt werden sollte. Es gab ein Problem, nämlich was mein Sohn zu diesem Ereignis anziehen sollte. Ich musste irgendwie eine Heimfahrt organisieren. Steffen war damals noch relativ klein, weit weg von seiner heutigen Körpergröße. Da war es sehr schwierig, auch in der DDR etwas Anständiges zum Anziehen für eine Festlichkeit zu finden. Den Cordanzug, für den ich mich entschied, hat mir mein Sohn nie verziehen. Da hatten wir eine Gemeinsamkeit, wenn ich zurück an mein Jugendweihekostüm denke. Als Geschenk wünschte er sich ein Tonbandgerät. Das war etwas, was es in Moskau schon gab und Steffen lange glücklich machte. Es war ein gewaltiges Gerät und ist durch die digitalen Datenträger, die klein und leicht sind, längst in Vergessenheit geraten.

Ich hatte schon eine Mittelasienreise für Steffen und mich gebucht. Er wollte lieber mit seiner Klasse nach Leningrad, heute St. Petersburg, fahren, was nicht ohne Folgen blieb. Heute kann ich das verstehen. Nach dem Ausflug nach Leningrad kamen alle etwas schüchtern zurück. Ein Anruf der Klassenlehrerin sollte mich aufklären. Die Jugendlichen wollten in dem Hotel nicht schon um 22 Uhr in den Betten liegen, wie es die Regel war. Heimlich trafen sie sich in dem Hotel in einer Nische, schalteten ihre Rekorder an, die sie sehr laut einstellten. Das holte die Deschurnaja aus ihrem Schlaf. In jedem Hotel in der Sowjetunion gab es auf jeder Etage eine Deschurnaja, meistens waren es alte Frauen, die Wache hielten, auch mal Tee kochten oder anderweitige Dienste für ein paar Kopeken erledigten. Jugendliche fühlen sich in ihrer Gruppe stark und so diskutierten sie mit der Frau erfolglos, wortgewandt, was ihnen als Jugendliche der DDR keine Anerkennung einbrachte. Es gab danach in der Klasse mit den Eltern eine Auswertung über das ungebührliche Verhalten der Jungs und Mädchen, dann wurde das Ereignis vergessen. Der schöne Schein war gewahrt und die Ehre gerettet. Wer hatte denn nicht auch schon in seiner Jugend über die Stränge geschlagen?

6 Der Suizid 1981

Wir hatten nach dem letzten Urlaub zu Weihnachten in Jena mit meiner Mutter vereinbart, dass sie das nächste Weihnachten 1981 bei uns in Moskau verbringen sollte. Sie freute sich sehr und ich hatte das Gefühl, nun wird alles gut. Wir hatten uns, als ich während des Krankenhausaufenthaltes des Stiefvaters nach Ichtershausen kam, offen und ehrlich miteinander ausgesprochen. Danach war sie klar, hörte auf zu jammern und mir vorzumachen, wie sehr sie ihren Mann liebe. Das glaubte schon langer keiner mehr. Zum ersten Mal brachte sie mich zum Zug und wir glaubten noch, dass Vater Gerhard überleben würde. Wir umarmten uns innig. Es war das letzte Mal, dass wir uns umarmen konnten.

Die Ehe mit meinem Mann fühlte sich stabil an, bis auf die Veränderung, die ich in seinem Wesen wahrnahm. Ich fragte nicht und dachte mir, dass die neue Arbeit für ihn eine Umstellung sein müsse. Fragte ich doch mal, bekam ich nur eine vage Antwort. Er wurde immer besitzergreifender und konnte im Bett nicht genug von mir bekommen.

Da klingelte in der Nacht um 2.00 Uhr das Telefon. Es war meine Mutter, total aufgelöst, weinend beklagte sie sich, dass sie so alleine wäre und nicht wüsste, wie sie das aushalten solle. Ich versuchte sie zu beruhigen und erinnerte sie daran, dass sie doch bald bei uns in Moskau sei und dann wäre sie nicht mehr allein. Es war nicht das erste Mal, dass ich sie so erlebte. Mit meinen Worten erreichte ich sie nur scheinbar. An ihrer neuen Arbeitsstelle im VEB Nadelwerk in Ichtershausen fühlte sie sich nicht wohl, man würde sie mobben. Nach dem Tod ihres Mannes war sie in eine kleine Wohnung nach Arnstadt gezogen, wo sie keinen kannte und wirklich allein war. Neue Männerbekanntschaften erfüllten nicht ihre Träume, die wollten nur versorgt sein. Ihre Kinder waren ausgeflogen und wohnten alle in einer anderen Stadt, ich am weitesten entfernt. Ich machte mir große Sorgen, doch was sollte ich von

Moskau aus tun? Vierzehn Tage später rief meine Schwester aus Arnstadt an und teilte mir mit, dass sich unsere Mutter mit Gas das Leben genommen hatte und ich sofort kommen müsse.

Petra war im siebenten Monat schwanger und niemals fähig, mit so einer Situation umzugehen, das kannte ich schon. Es war ein Albtraum. Wie konnte sie uns das antun? Das Erste, was ich fühlte, war eine ungeheure Wut. Wir berieten uns mit unseren Freunden, denn die Kinder wollte ich nicht mit der Beerdigung konfrontieren, was ein Fehler war. Die Freunde Bärbel und Bernhard versprachen, sich um Manja und Steffen zu kümmern. Wir bekamen kurzfristig die Ausreisegenehmigung mit einem Problem. Zur Beerdigung, das war für mich klar, würde die Schwester aus Hannover mit ihrem Mann kommen. Da erklärte mir mein Mann, er müsse in Jena erst um Genehmigung bitten, ob er dann auch dabei sein dürfe. So kam ich allein in Arnstadt an, in die Wohnung, wo meine Mutter sich das Leben genommen hatte.

In einem Roman von Arthur Schnitzler, „Fräulein Else", fand ich den Abschiedsbrief. Das Dramatische war, dass ich das Buch kannte und somit folgerte, dass sich meine Mutter mit Else identifiziert haben musste, obwohl Elses Leben in Schnitzlers Erzählung nichts mit dem meiner Mutter zu tun hatte, noch nicht einmal annähernd. Den Brief las ich nicht fertig, denn sie gab ihrem Ex-Mann, meinem Vater, allein die Schuld an ihrem verpfuschten Leben. Sie hatte sich in ein Drama hineingesteigert und jegliche Eigenverantwortung abgegeben. Die Empörung, die ich empfand, war unbeschreiblich. Erst als ich Psychologie studierte, begriff ich, dass dies ein Teil der manischen Depression war. Sie hatte sich in einer Psychose verirrt, aus der es kein Entrinnen gab.

Es hat Jahre gedauert, bis ich das akzeptieren und trauern konnte. Schnitzler war als ein Vertreter von Freud dafür bekannt, in seinen Romanen über derartige Dramen zu schreiben, die nicht selten mit einem Suizid endeten. Allerdings galt für mich damals ein anderer Umstand als schwerwiegender für die Entscheidung zum Suizid. Meine Mutter war schon 14 Tage krankgeschrieben gewesen, allein in der Wohnung und wartete auf einen Termin bei ihrer Psychologin. Sie muss am Ende in einer tiefen Depression vor ihrem Suizid gesteckt haben. Der Hausarzt hatte Mutters Zustand offenbar total verkannt. Für mich war klar, dass ich mit der Psychologin sprechen musste. Inzwischen war es Abend und ich wartete auf die Möglichkeit, mit Tante Annelie in Hannover zu telefonieren. Das war von der DDR aus erst ab 24 Uhr möglich. Bis dahin schaltete ich den Fernseher ein, und wie das Leben so spielt, sollte ich eine Antwort auf die Fragen bekommen, die ich mir immer wieder stellte.

Das ZDF brachte an diesem Abend eine Sendung über Depressionen, die Folgen für die betroffenen Familien und wie es zum Suizid kommen kann. Zum ersten Mal erfuhr ich etwas über diese schreckliche Krankheit; sie sollte mich einst als Therapeutin motivieren, verantwortungsbewusst mit dieser psychischen Störung umzugehen. Mit Tante Annelie, die auch erschüttert war, besprach ich alles Notwendige. Sie wollten umgehend aufbrechen, um zur Beerdigung rechtzeitig da zu sein. In so einem Fall gab es keine Probleme, eine Aufenthaltsgenehmigung für die DDR zu bekommen. Ich hatte eine Woche Zeit, um alles Nötige zu klären, die Beerdigung vorzubereiten, und mehrere bürokratische Wege mussten gegangen werden. Am nächsten Tag rief ich in der psychologischen Praxis an und bat darum, mit der Psychologin, bei der Mutter einen Termin hatte, zu sprechen. Die Schwester am Apparat erklärte mir eiskalt, als ich sagte, worum es ging: „Warum wollen Sie einen Termin? Das hat sich doch nun erledigt." Ich war fassungslos. Ich ging trotzdem mit Petra in die Praxis, wo man uns warten ließ. Wir standen auf dem Gang, als nach einer halben Stunde eine kleine Frau mit der Bestecktasche unter dem Arm an uns vorbeirauschte. Das war sie, wurde mir sofort klar, doch ich konnte nicht reagieren. Für mich war das eine Kaltschnäuzigkeit ohnegleichen, die mich immer sprachlos machte, wenn ich sie erlebte. Bevor wir das Haus verließen, klopfte ich an eine Tür. Tatsächlich wurde geöffnet und ich teilte der Frau, deren Kopf mich aus der Tür fragend ansah, mit, was ich davon hielt, wie man uns behandelte. Wir wollten nur die Frage stellen, warum man uns Kinder nicht darüber informiert hatte, dass unsere Mutter so krank war. Heute ist mir klar, dass wir es nicht verstanden hätten. Menschen mit einer Depression, noch dazu mit einer manischen Depression, kann man nicht sagen, dass doch die Sonne scheint und alles nicht so schlimm ist. Am wenigsten versteht der Betroffene in der manischen Phase, wo er sich toll fühlt, dass er krank ist. Mit Vernunft ist diesen Symptomen anfänglich nicht beizukommen.

Nun mussten wir noch im Nadelwerk in Ichtershausen einige Formalien erledigen, alles ohne Auto. Unser Bruder konnte keine Vertretung als Lehrer finden, so musste ich das alles allein schaffen. Mein Mann durfte angeblich nicht kommen. Zuvor musste die Wohnungsfrage geklärt werden. Die AWG-Wohnung (Arbeiterwohnungsbaugenossenschaft) meiner Mutter, heute würde man sagen, sie war eine Genossenschaftswohnung, sollte meine Schwester mit ihrem Baby bekommen. Das hatte ich mir so einfach gedacht! Als wir zum Termin in das Büro der AWG kamen, erfuhren wir, dass unser ehemaliger Nachbar in Ichtershausen, Herr Bruch, mit besten Beziehungen zur Kreisleitung der SED diese Wohnung für seinen Sohn eingeplant hatte. Ich war empört und erklärte, dass meine Schwester schwanger sei und ein erstes Anrecht auf die Wohnung unserer Mutter habe. Entschlossen teilte ich den Damen mit, dass ich mich beschweren würde, wenn diese Wohnung der Bruch bekäme. Petra bekam die Wohnung, was für sie ein großes Glück war. Es war in der DDR unmöglich, als unverheiratete Frau mit Kind ohne Beziehungen eine eigene Wohnung zu bekommen. Ich hatte keine Zeit zu trauern und meine Tränen waren irgendwo, nur nicht da, wo sie Trauer zeigen.

Zu erben gab es nur das, was sich in der Wohnung befand.

Das war der ganze Besitz unserer Mutter. Es sollte alles meiner Schwester gehören, sie brauchte das. An die Beerdigung kann ich mich nur vage erinnern. Wir waren nur wenige, die kommen konnten. Der Redner war gleichzeitig ein ehemaliger Dozent von Mutter, als sie in späteren Jahren eine kaufmännische Lehre im Abendstudium absolvierte. Er kannte unsere Mutter, wusste um ihre Herkunft, um ihren Wissensdrang sowie um ihre Ambivalenz und ahnte ihre Verletzlichkeit nach dem Verlust der Heimat, der Eltern, des Bruders sowie der Ausgegrenztheit von ihrer Familie hinter der Mauer. Seine Rede war inhaltlich voller Anerkennung und Respekt und er sprach von ihr als Kriegskind. Er sprach von dem kleinen Mädchen, das den Wirren des Krieges und deren Folgen hilflos ausgeliefert war. Dafür bin ich dem Mann noch heute dankbar.

Unsere Mutter starb am 28. Oktober 1981 im Alter von 51 Jahren. In meinem Herzen werde ich sie immer lieben und manchmal rede ich mit ihr, dann ist sie mir ganz nah. Sie war eine kluge Frau, lebte in einer Zeit, die nicht die ihre war, mit Illusionen. Sie sah die Chancen nicht, ihr Selbstbewusstsein zu stärken, und lebte in unrealen Träumen.

7 MITTELASIENREISE 1982

Wir waren wieder einige Monate in Moskau und das Leben ging weiter. Es war noch immer Winter im April 1982, matschig, grau und nasskalt. Eine Flucht in den Süden war da eine schöne Gelegenheit, diesem Wetter zu entfliehen. Der Tag der Reise mit meiner Tochter durch Mittelasien war gekommen und wir freuten uns auf all das, was uns erwarten würde. Um 3.00 Uhr morgens am 18. April 1982 befanden wir uns auf dem Flugplatz Moskau- Scheremetjewo II. Von Moskau ging die erste Etappe nach Kasachstan in die damalige Hauptstadt Alma-Ata. Danach sollten wir nach Duschanbe, der Hauptstadt von Tadschikistan, fliegen. Über Taschkent, der Hauptstadt von Usbekistan, würden wir mit einem kleinen Flugzeug, nach Buchara geflogen. Von Buchara ging es wieder nach Taschkent, wo am Flugplatz eine Überraschung auf uns warten sollte, die uns nach Moskau zurückbrachte.

Mit drei Stunden Zeitverschiebung landeten wir gegen 7.00 Uhr in Alma-Ata, die heute Almaty – Stadt der Apfelbäume – genannt wird. Uns empfing ein herrliches Panorama mit blühenden Mandelbäumen im Tal. Die schneebedeckten Berge sah man am Horizont leuchten, die durch die Morgensonne angestrahlt, uns entgegenzuwinken schienen. Es sind die jungen Ausläufer des Tian-Shan-Gebirges, die zur baumlosen Steppe einen reizvollen Kontrast bilden. Die Berge wurden von den Kasachen Alatau genannt, das bedeutet „bunte Berge". Ins Deutsche übersetzt „schreckliche Berge" (Lt. Google). Der Tian Shan ist mit seinen schwer überwindlichen Bergketten mit zahlreichen Gletschern in der Stadt von fast allen Regionen zu sehen, auch von unserm Hotelfenster aus konnten wir ihn später bewundern. Der höchste Berg ist der Khan-Tengri mit 6.995 Metern. Als wir das Flugzeug verließen, zeigte das Thermometer plus 5 Grad, die sich warm anfühlten, es war an einem Sonntag. Ein Bus erwartete unsere Reisegruppe, mit dem wir nach Alma-Ata gefahren wurden. Es duftete nach Frühling. Die Apfel- und Aprikosenbäume standen in voller Blüte. Die Stadt strahlte Sauberkeit, Ruhe und Jugend aus. Uns empfing eine lange nicht mehr gekannte Sonntagstimmung. Vom Moskauer Trubel keine Spur. Wir wurden im Intourist-Hotel „Otrak" untergebracht. Alles klappte wunderbar und um 9.00 Uhr saß die gesamte Gruppe zum ersten gemeinsamen Frühstück zusammen. Danach hatten wir bis zum Mittag Zeit, den versäumten Schlaf nachzuholen.

Manja und mir war nicht nach Ausruhen. Die Neugier trieb uns vor das Hotel, um das herrliche Panorama zu genießen und die Atmosphäre der Stadt einzuatmen, die mich so verzauberte. Wir setzten uns auf eine Bank vor dem Hotel, hielten unser Gesicht der Sonne entgegen. Inzwischen hatten wir circa 20 Grad in der Sonne. Die anderen Bänke waren schnell belegt. Es waren junge Menschen, die sich hier trafen. Die Mädchen saßen in einer Gruppe zusammen und die Jungs bildeten eine andere Gruppe. Verstohlen beobachteten sie sich gegenseitig, kicherten und schwatzen. Die Mädchen strahlten in ihrer Sonntagstracht, die aus bunt bestickten Westen und bunten langen Hosen bestand, und jede hatte wunderschöne lange schwarze Zöpfe. Die Jungen waren auch festlich traditionell gekleidet mit ihrer Dupeteka auf dem Kopf. Das asiatische Flair fing uns ein.

Das erste kasachische Mittagessen war natürlich das Nationalgericht, gedämpfte Pelmeni gefüllt mit Hammelfleisch. Es schmeckte köstlich, obwohl ich bis dahin kein Freund von Hammelfleisch war. Nach dem Mittagessen besuchten wir als Erstes den Park der 28 Panilowzy, der sich über eine Größe von 18 Hektar ausbreitet. In ihm befindet sich auch eine russisch-orthodoxe Kirche aus der Zeit des Zarismus. Unzählige Sehenswürdigkeiten ließen uns erstaunen, eine Vielzahl von Baumarten, die im Laufe der Zeit von überallher kamen und in die Parks der Stadt gepflanzt wurden. Im Zentrum des Parks führte uns unser Reiseleiter, ein großer Goethefan, zu einer Kathedrale. Es ist die höchste aus Holz gebaute

Kathedrale der damaligen UdSSR und soll absolut erdbebensicher sein. Diese Kirche hat kein Fundament, sie steht auf rotem Sand und Tien-Shan-Tannen. Dadurch sollte eine entsprechende Elastizität gewährleistet sein, um Erdbeben zu widerstehen. Natürlich mussten wir uns das Panilow Denkmal ansehen, das für die Helden der Panilow Division gebaut wurde und weltberühmt geworden ist. Es handelte sich um 28 Soldaten, alles Kasachen, die mit 18 Panzern vor Moskau die deutsche Wehrmacht gestoppt haben sollen. Sie kamen alle ums Leben. Für die Kasachen ist die Tatsache, dass diese Soldaten Landsleute waren, sehr wichtig und erfüllt sie noch heute mit Stolz. Auch wir verbeugten uns an der „ewigen Flamme" vor dem Denkmal. Weiter machten wir mit dem Bus eine Stadtrundfahrt, vorbei an den Hochschulen, Universitäten, Theatern und Konzertsälen. Heute gibt es in Almaty 14 Theater und 32 Museen.

Man kann sich nicht vorstellen, dass noch 1920 nur zwei Prozent der Kasachen lesen und schreiben konnten. Zar Peter I. soll einmal gesagt haben, dass die Kasachen 999 Jahre brauchen würden, um gebildet zu werden. Davon spürten wir nichts mehr und waren beeindruckt von der hohen Kultur, die dieses Land auszeichnete, als wir es besuchten. Das Land galt damals als das größte Wirtschafts- und Kulturzentrum der Sowjetunion.

Eine besondere Attraktion für mich und meine Tochter wurde der Besuch des Medeo am anderen Tag. Wir hatten es schon im Fernsehen gesehen und nun sollten wir es persönlich bestaunen können. Das Medeo war zur Zeit der Sowjetunion die höchste Bergsportanlage mit der größten Kunsteislaufbahn der Welt. Es gab damals noch keine Seilbahn und so mussten wir die 900 Treppen zu Fuß in Angriff nehmen, die zum Medeo hochführten, wo uns der Winter wiederhatte. Wir befanden uns 200 Meter vor der Schneegrenze. Die Landschaft ringsum war weiß gepudert. Im Tal war schon der Frühling eingekehrt und hier oben lag noch Schnee. Ich fotografierte die wunderbare Landschaft in meinem

Kopf, denn wir hatten keinen Fotoapparat. Danach machten wir uns gemütlich an den Abstieg, was unseren Beinen nicht ganz leichtfiel. Im Restaurant „Tscheigar", unterhalb des Berges, war schon der Mittagstisch gedeckt. Es gab wieder ein Nationalgericht mit einer Suppe als Vorspeise, kalte Speisen, frisches Gemüse und einen Fleischtopf mit einem Fladen als Deckel obendrauf. Am Abend hatten wir noch Zeit, uns endlich einen Basar anzusehen. In bunten Treiben boten vorwiegend Männer ihre Waren an: Gewürze, Gemüse, Knoblauch, eingelegtes Gemüse, Fleisch, vor allem Lammfleisch. Es roch wie in einer asiatischen Großküche. Die Händler waren sehr freundlich, ohne aufdringlich zu sein. Die Kasachen erlebten wir jedem Fremden gegenüber freundlich und respektvoll. Gegenüber vom Basar war großer Tumult, den wir uns nicht entgehen lassen wollten. Wir sahen Männer mit orientalischer Kopfbedeckung, bunten Westen und Pluderhosen, die mit Stoffballen hantierten. Es handelte sich um einen Stoffmarkt, wo über den Kauf von Stoffen gefeilscht wurde. Laut palaverte man, pries die Qualität seiner Ware an, um für jeden Meter Stoff den bestmöglichen Preis zu erringen. Nirgends sahen wir eine Frau. In den kasachischen Familien herrschten strenge Regeln, die auch heute noch eingehalten werden. Daran konnte die kommunistische Erziehung nichts ändern. Der Älteste in der Familie wird bei jedem Fest zu Beginn mit einem Trinkspruch geehrt, dann die Mutter, die das Leben schenkte. Erst dann kann das Fest fortgesetzt werden.

An diesem Abend flogen wir noch mit der TU-154 nach Duschanbe. Die Maschine kam aus Nowosibirsk und sollte uns über Taschkent nach Duschanbe fliegen. Wider Erwarten mussten wir in Taschkent das Flugzeug verlassen, was unseren Zeitrahmen durcheinanderbrachte. Keiner klärte uns auf. Ich weiß nicht mehr, wie es dazu kam, aber dann stiegen wir in einen Bus, der uns wie zufällig zurück zum Flugzeug brachte. Wir hatten zwei Stunden Verspätung und kamen mitten in der Nacht in Duschanbe an.

Wir wohnten im Hotel „Tadschikistan". Der Speisesaal war verdunkelt und angenehm klimatisiert. Der Kefir und die Vorspeisen standen schon auf den Tischen. Ein ausgiebiges Frühstück erwartete uns und wir waren wieder von der liebenswürdigen Gastfreundschaft beeindruckt, die das Personal uns entgegenbrachte. Unsere Reiseleiterin, Ludmilla, eine reizende Tadschikin mit langen Zöpfen, begrüßte uns. Sie sprach perfekt Deutsch und berichtete lebhaft über ihre Stadt, die sie uns während einer Stadtrundfahrt erklärte. Tadschikistan befindet sich im Südosten des mittelasiatischen Teils der damaligen UdSSR. Die Gesamtfläche der Republik beträgt 143.100 Quadratkilometer mit über drei Millionen Einwohnern – im Vergleich zu Moskau mit acht Millionen Einwohnern und zusätzlich rund acht Millionen Touristen sowie Durchreisenden.

Duschanbe liegt am Fuße des Hissargebirges, umrahmt von schneebedeckten Gipfeln. Die Prospekte und Straßen versinken im Grün der Parkanlagen und herrlichen Gärten. Das vergangene Jahrhundert vor der Oktoberrevolution sah man der Stadt nicht mehr an, obwohl der orientalische Einfluss auf die Architektur unverkennbar geblieben war. Gegen Ende des 19. Jahrhunderts kamen auf je eine Person, die einigermaßen lesen und schreiben konnte, 200 Analphabeten. Es genügten der Sowjetmacht fünfeinhalb Jahrzehnte, dass es keine Siedlung, Kischlak genannt, mehr ohne Schulgebäude gab. Zu der Zeit, 1982, studierten 52.000 Studenten an den neuen Hochschulen. So wurde Duschanbe zu einem modernen Kulturzentrum. Trotz kommunistischer Einflüsse wurde und wird das Erbe großer tadschikischer Schriftsteller und Gelehrten des Altertums in den Museen sorgfältig aufbewahrt. Darauf sind die Tadschiken sehr stolz, vor allem auch darauf, dass sie den Kampf aus der Armut bewältigten. Seit 1924 ist Duschanbe die Hauptstadt, die aus drei kleinen Siedlungen entstand. Die Architektur der Gebäude entspricht dem Bedürfnis nach Erdbebensicherheit, denn die Stadt und Tadschikistan werden mehrmals jährlich durch Erbeben bedroht. Die höchsten Häuser haben maximal 16 Etagen. Im Jahre 1979 zum Beispiel wurden 2.000 Erdbeben registriert. Die Temperaturen sind sehr unterschiedlich; während sie in der Nacht bis auf plus 5 Grad absinken, können sie am Tag gegen Mittag auf plus 35 Grad ansteigen.

Nach dem Mittagessen fuhren wir zum Nurek-Kraftwerk und Nurek-Staudamm. Dieses Kraftwerk wird als eines der Wunder des 20. Jahrhunderts bezeichnet. Auf der Fahrt dorthin ging es vorbei an vielen kleinen Kischlaks durch die reizende Landschaft Tadschikistans. Hier schien die Zeit auf den ersten Blick stehen geblieben zu sein. Vor den niedrigen Hütten saßen die Alten in ihrer einfachen Tracht. Wir hatten das Gefühl, in einem historischen Film zu sein. Die Kinder liefen wie aus dem vorigen Jahrhundert barfüßig herum. Die modernen Autos, Erntemaschinen vor den Hütten und Fernsehantennen auf den Dächern machten uns jedoch klar, dass wir uns noch immer in unserer Zeit befanden. Wir fuhren an modernen Lebensmittelläden im russischen Stil mit asiatischem Flair vorbei. Mit einem Mal ging es immer höher hinauf und wir konnten in der Ferne am Horizont die schneebedeckten Berge sehen. Die einzige Straße nach Nurek, auf der wir im Bus fuhren, führte uns an blühenden Wiesen vorbei. An den Berghängen sahen wir Hagedorn blühen, Akazien, Bäume mit Pistazien und Mandeln. Die Farbenbracht war überwältigend.

Bevor wir Nurek erreichten, mussten wir einen Gebirgspass von einer Höhe von 1.610 Metern über dem Meeresspiegel mit dem Bus überwinden. In schwindelnder Höhe fuhren wir danach die Serpentinenstraße hinunter. Unser Fahrer stellte sich als wahrer Artist am Lenkrad heraus. Wie er die Kurven meisterte, verlangte uns Anerkennung ab, und wir waren alle glücklich, als der Tscharmasakpass hinter uns lag. Die Stadt Nurek war eine der jüngsten Städte der UdSSR und Tadschikistans. Nurek liegt 68 Kilometer von Duschanbe entfernt am Ufer des stürmischen Gebirgsflusses Wachsch. Wir stiegen im Zentrum der Stadt aus und lernten eine junge Lehrerin kennen, deren Mann zum Team der Staudammerbauer gehörte. Sie führte uns durch die Stadt zum Wasserkraftwerk und zum Staudamm. Die Stadt liegt in einem breiten Tal und es scheint, als hätte sich die Natur um die Menschen gesorgt und die Berge auseinandergeschoben, damit die Menschen einen idealen Bauplatz für ihr großes Projekt vorfinden. 1961 begann man neben den kleinen Siedlungen, die es damals gab, mit dem Bau. Danach verwandelte sich Nurek zu einer der schönsten Städte Mittelasiens. Der nahe gelegene Stausee schaffte ein wunderbares Mikroklima.

In der Stadt lebten, als wir sie besuchten, 23.000 Energetiker. Zum Bau des Kraftwerkes kamen Russen, Usbeken, Georgier, Ewenken, Letten und viele andere nationale Gruppen aus der UdSSR. Das durchschnittliche Alter der Einwohner betrug damals 35 Jahre. Erhaben stand der Staudamm vor uns mit einer Höhe von 300 Metern und einem Umfang von 56 Millionen Kubikmetern. Er staut den Wachsch an der engsten Stelle der Schlucht, wo der Fluss derart brüllt und schäumt, als wolle er seinen Namen bestätigen. Wachsch heißt Wilder, Unbezähmbarer. Die Sage berichtet, dass die Schafhirten einst mit ihrem Stab den Fluss von einem Ufer zum anderen überspringen konnten. Später entstand an dieser Stelle die Puli Sangin (Steinbrücke). Sie war angeblich nicht zuverlässig. Darum prägte ein Dichter folgende Metapher: „Wanderer, hüte Dich! Hier hängst Du wie ein Tier an den Wimpern." Inzwischen wurde die Steinbrücke im Zusammenhang mit dem Bau des Staudammes, durch eine eiserne Brücke ersetzt. Der launische Wachsch wurde gebändigt und gezwungen, den Menschen zu dienen. Die projektierte Kapazität des Wasserkraftwerkes beträgt 2,7 Millionen Kilowattstunden Elektroenergie pro Jahr. Neun Turbinen dieses Giganten erzeugen diese Energie. Beginnt die neunte Turbine mit der Arbeit, ist der Strom der ersten bereits bezahlt. Das eigentliche Wunder ist der Staudamm selbst, der nur aus aufgeschütteter Erde errichtet wurde, ohne Stahl oder Betongerüste, was einmalig in der Welt sein soll. Wir stiegen bis zum Staudamm hoch und konnten auf der einen Seite den Stausee in seiner bergigen Umrahmung bewundern, wie ein riesiges Auge blinzelte er zu uns hinauf. Uns kam eine Schülergruppe entgegen. Neugierig betrachten wir die jungen Menschen, die bunt gekleidet und sehr hübsch anzusehen waren. Die Mädchen trugen bunte Tücher auf dem Kopf, unter denen schwarze lange Zöpfe herausschauten. Über ihren bunten Hosen hatten sie bunte Kleider drübergezogen, die farblich nicht zu den Hosen passten. Das stört das Empfinden der Tadschiken nicht, sie lieben kräftig schillernde Farben. Wir bekamen noch eine tadschikische Mahlzeit und dann sanken wir erschöpft, aber bereichert durch das Erlebte im Bus in unsere Sitze. Mich erfüllte ein wohliges Gefühl. Die Weite, die schöne Landschaft und das Klima ließen mich entspannt und gelassen sein.

Nun ging es die Serpentinen in die andere Richtung hinauf zurück nach Duschanbe. Als wir ankamen, hatten wir noch Zeit, uns Geschäfte und einen Basar anzusehen. Zum ersten Mal sahen wir kleine Werkstätten, wie ich sie später auch in Marokko sah. Alles wurde von Hand gefertigt und gleich verkauft, wenn sich die Gelegenheit bot. Wir spürten eine ausgeglichene Atmosphäre, keine Hektik. Auch hier blühte der Stoffhandel, temperamentvoll und mit ganzem Einsatz feilschten die Männer um ihre Waren. Das Gleiche erlebten wir im Basar. Wir wurden freundlich bedient und nach unserer Herkunft gefragt. Als sie erfuhren, dass wir aus der DDR kamen, „deutsch sind", konnten sie sich vor Freude kaum fassen. Ich war immer erleichtert, wenn ich als Deutsche in einem Land geehrt wurde, trotz der schrecklichen Vergangenheit und dem Leid, das Deutsche diesem Land zugefügt hatten.

Abends lernten wir eine Gruppe junger Tadschiken kennen, die uns sofort einluden und wir nichts bezahlen mussten. Sie nahmen uns wie selbstverständlich in ihrer Mitte auf, als gehörten wir schon lange dazu. Wir waren sofort wieder munter und tanzten die halbe Nacht. Die Band machte keine Pausen. Sie spielten moderne Musik mit asiatischen Klängen, was wir als sehr angenehm empfanden. Etwa um Mitternacht fielen wir sehr müde und glücklich in unsere Betten.

Bevor uns ein Flugzeug zurück nach Taschkent flog, besuchten wir noch eine Textilfabrik, in der die bunten Stoffe gewebt wurden, aus der die Kleidung der Menschen genäht war. Uns empfing die gesamte staatliche Leitung, die nur aus Frauen bestand. Heute würde ich sagen, die brauchten keine Frauenquote. Die Aufgaben zwischen Männern und Frauen waren offenbar nach ihrem Können aufgeteilt. Das Weben der Stoffe und deren Verarbeitung war ausschließlich Frauensache und der Handel Männersache.

Am späten Nachmittag kamen wir am 23. April 1982 wieder mit der IL-154 in Taschkent auf dem Airport an und sollten weiter nach Buchara geflogen werden. Es tat sich jedoch nichts, bis wir erfuhren, dass wegen eines Sandsturmes in der Wüste, die wir überfliegen mussten, Flugverbot herrschte. Wir bekamen eine zusätzliche Stadtrundfahrt und lernten außerplanmäßig einige Stadtteile von Taschkent kennen, die wir sonst auf dieser Reise nicht gesehen hätten. Danach besuchten wir eine Teestube und tranken Tee.

Normalerweise wurde die nur von den Männern besucht, die dort rauchten und bei einem Gläschen Tee Schach spielten. Sie nahmen keine Notiz von unserem weiblichen Schwarm, der plötzlich in die Teestube einbrach. Wir genossen diese Gelassenheit des Orients. Wir sollten eine ungewöhnliche Nacht vor uns haben. Da wir an diesem Abend nicht mehr nach Buchara kamen, mussten wir die Nacht im Terminal von Taschkent auf Bänken zubringen. Dort schliefen wir mehr schlecht als recht. Am Morgen war der Spuk vorbei und ein kleines Flugzeug für 20 Passagiere erwartete uns. Wir waren die einzigen Fluggäste, denn mehr passten nicht in die Kabine für Passagiere. Dementsprechend ungemütlich erschien den meisten dieser Flug, der keineswegs so ruhig verlief wie in den großen Fliegern. Mir machte der Flug Spaß, ich kam mir vor wie in einem großen Abenteuer. Auch meine Tochter genoss den Flug, während sich die meisten krampfhaft an den Gurten festhielten und aufatmeten, als sie wieder aussteigen konnten.

Buchara empfing uns mit einem sehr warmen Wüstenklima. Jetzt waren wir mitten im Orient und im Zentrum der alten Seidenstraße, die mitten durch Buchara verlief. Die niedrigen Häuser der Altstadt mit geschlossenen Fenstern wegen der Hitze, die vielen Minarette und leuchtenden Kuppeln der Moscheen noch aus dem 8. Jahrhundert, die Medresen sowie mächtige Portale, mit wunderschönen Fayencen verziert, ließen uns ahnen, was uns erwartete. Wir waren mitten in einer Zeit der alten Gelehrten, Baumeister, Handwerker des Islam, obwohl der offiziell unterdrückt wurde. Der Einfluss der Sowjetunion hatte hier jedoch keine große Wirkung.

Die Farben der altehrwürdigen Architektur waren für uns beeindruckend. Ich hatte das Gefühl, in einem riesigen Museum zu stehen. Die Farbe Blau hat hier eine besondere Bedeutung. Ein beliebtes Sprichwort besagt: „Überall auf der Welt kommt das Licht auf die Erde, nur im heiligen Buchara steigt es von der Erde zum Himmel hinauf." Deshalb sind alle Kuppeln blau.

Buchara ist die fünftgrößte Stadt Usbekistans. Ihre Geschichte ist sehr wechselhaft. Sie war ein bedeutendes Handelszentrum an der Seidenstraße und ein wichtiges Zentrum islamischer Gelehrsamkeit. Früher hieß die Stadt „Buchara-i-Scharif" – „heiliges Buchara" oder das „edle Buchara". Als der Handel auf der Seidenstraße blühte, waren die Basare und Gassen voll von Händlern und Durchreisenden. Als wir ankamen, waren die Gassen und Plätze fast leer, es umgab uns ein eher gemächliches Treiben.

Unser Hotel erinnerte uns wieder daran, dass wir in der Sowjetunion waren, ein hässlicher mehrstöckiger Plattenbau stand vor uns. Er passte nicht in diese noch erhaltene alte Welt, für mein Empfinden der absolute Stilbruch. Die Betreuung war mäßig, ebenso die Ausstattung der Zimmer und über die Hygiene schreibe ich lieber nichts. Unsere Reiseleiterin nannte sich Swetlana. Sie war Russin, die uns sehr interessant Buchara erklärte. Sobald man sich innerhalb der alten Stadtmauern befand, bot uns die Stadt mehr als nur trostlose Einheitsarchitektur. Wir erfuhren, dass Buchara über Jahrhunderte für Ungläubige ein gefährliches Pflaster war. Sie wurden vom höchsten Minarett der Stadt geworfen. Die jüngste Geschichte hatte die Altstadt kaum verändert. Über dem lehmfarbenen Gewirr aus verschachtelten Häusern und Basaren erhoben sich noch immer schlanke Minarette. Tausend Jahre hat das Samaniden - Mausoleum überdauert und wurde selbst von den Horden des Dschingis Khan verschont. Die ungemein plastische Fassade besteht aus perfekt geformten Rauten, Bögen und Durchblicken. Fast filigran, wie Flechtwerke, wirken die Außenwände des Würfels und bestehen doch nur aus Lehm.

Nach der ersten Führung ging ich mit meiner Tochter durch die Altstadt. Wir kamen zu einer Moschee, in die wir hineingingen. In einem Hof standen Maulbeerbäume, die bei der Hitze Schatten spendeten. In einer Nische sahen wir Handwerker und schauten ihnen zu. Es standen Teller, Krüge und Vasen aus Metall herum, mit kunstvollen Gravuren versehen. Neugierig sahen wir den Männern bei ihrer Arbeit zu. Mein Herz schlug höher und ich fragte, ob ich etwas davon kaufen dürfe. Wir wurden freundlich eingeladen, uns ihre Arbeiten anzusehen und etwas auszusuchen. So erstand ich eine kleine golden schimmernde Vase und einen kleinen kunstvoll gravierten Teller, die noch heute meine Schrankwand zieren. Und immer wieder, wenn wir auf unserem Weg durch die Altstadt in die Höhe sahen, schauten die Minarette auf uns herab. Wir kamen uns vor, als liefen wir durch Märchenszenen aus „1001 Nacht". Als wir am anderen Tag durch den großen Basar von Buchara geführt wurden, fühlten wir uns erschlagen von der Pracht der angebotenen Waren. Leider hatten wir nur einen begrenzt gefüllten Geldbeutel dabei und so konnten wir lediglich mit den Händen über die bunten Teppiche und angebotenen Seidenstoffe streichen. Als wir an einem Stand vorbeikamen, wo ein Künstler seine Ölgemälde anbot, kaufte ich ein kleines Bild mit einer Szene aus der Altstadt. Es war sicher nicht sehr wertvoll, für mich war es das jedoch und ist es noch heute. Immer wenn ich es ansehe, kommt die Erinnerung an dieses wundervolle Erlebnis, in einer Stadt gewesen zu sein, die eine jahrhundertealte Geschichte überlebte und nichts von ihrem orientalischen Flair und ihrer alten Architektur verloren hatte.

Am späten Nachmittag flogen wir zurück nach Taschkent, wo schon der Flieger auf uns wartete, der uns zurück nach Moskau bringen sollte. Als wir mit dem Bus zum Flieger gebracht wurden, staunten wir nicht schlecht. Vor uns stand das größte Flugzeug, das wir je gesehen hatten, der Jumbo IL-86 mit zwei Etagen und je drei Reihen Sitzplätzen für je zehn Personen, und wenn ich mich recht erinnere inklusive einer funktionierenden Klimaanlage. Wir setzten uns auf unsere Plätze und sprachen vor Staunen kein Wort. Der Service war perfekt und wir staunten, wozu die Sowjetunion fähig war. Zu Hause in Moskau hatten wir viel zu erzählen und konnten gar nicht mehr aufhören, von unserer Reise zu schwärmen.

8 Beziehungschaos

Der plötzliche Verlust der Eltern innerhalb eines Jahres hatte mich für meine Ehe sensibel gemacht. Ich wollte nicht auch die gleichen Fehler der Mutter wiederholen. Ein erster Trennungsversuch nach sieben Jahren Ehe, noch in Jena, war schiefgegangen und hatte mit meiner inneren Ohnmacht geendet. Nachdem mich H. mehrmals angelogen hatte, weil ich nicht wissen durfte, wo und was er nachts für die Partei tat, verlor ich jegliches Vertrauen. Vielleicht hatte ich kein Recht mehr auf dieses Vertrauen, aber wir waren in einer Ehe verbunden. Wo ich auch hinkam, merkte ich die begehrlichen Blicke und dass ich offen dafür war, mich auf eine Affäre einzulassen.

H. hatte ja offenbar eine Affäre mit der Partei, die wichtiger war als seine Familie. Da war mir bewusst, dass ich mir und meinem Mann gegenüber ehrlich sein musste. Ich hatte mich auf eine Ehe eingelassen, die von Anfang an zum Scheitern verurteilt war. Eine Ehe kann nicht funktionieren, wenn nur einer liebt. Ist das Liebe, die besitzen will und wo es Heimlichkeiten gibt? Er hat damals gewusst, dass ich ihn als Vater unseres Sohnes geheiratet habe. Wir hatten die Chance, daraus eine beiderseitige Liebe werden zu lassen. Dazu gehörte für mich absolute Ehrlichkeit. Deshalb beschloss ich, mich zu erkundigen, wie eine Scheidung friedlich verlaufen konnte, naiv wie ich war. Ich machte einen Termin bei einer Anwältin, der ich erklärte, dass ich meinen Mann nicht lieben würde und die Scheidung wolle. Die Anwältin lachte mich aus, fragte, wie dumm ich sei, erklärte, dass das kein Scheidungsgrund wäre und ob ich deshalb die Kinder behalten könne, sei fraglich. Dann sagte sie noch: „Was denken Sie, ob ich meinen Mann noch liebe? Was ist schon Liebe?" Niedergeschlagen verließ ich die Kanzlei und machte einen neuen Termin bei einem anderen Rechtsanwalt.

Am Abend informierte ich H. von meinem Vorhaben. Er war

außer sich, lief wie ein Tiger herum, teilte mir sehr überzeugend und laut mit, dass er genug Beziehungen habe, die dafür sorgen würden, dass ich die Kinder nicht bekäme. Ein ruhiges Gespräch war nicht möglich. Ich bekam Angst und Bauchschmerzen, es war wie ein Hieb in die Magengrube. Mein Verdacht erhärtete sich und ich ahnte, was das für Beziehungen waren. Ich hatte das Gefühl, in einen Abgrund zu stürzen, ging weinend zu Bett und wachte am anderen Morgen mit hohem Fieber und schrecklichen Ohrenschmerzen auf. Ein Arzt musste kommen und ich wurde krankgeschrieben. In dieser Zeit dachte ich darüber nach, wie es nun weitergehen sollte. Mir blieb nichts anderes übrig, als zu warten und mich klug zu verhalten, damit ich meine Kinder nicht verlieren würde. Sie würden ja mal älter und dann könnten sie selbst entscheiden, bei wem sie leben wollten, dachte ich verzweifelt. Ich schwor mir, sobald die Bedingungen günstiger wären und mir die wahre Liebe begegnete, würde ich diese Ehe beenden.

Am anderen Tag stellte mir H. einen Kassettenrekorder an mein Bett. Dafür hatte er das Konto geleert, was bedeutete, dass ich keinen Rechtsanwalt bezahlen konnte. Damit stand mein Entschluss fest und ich nahm mir fest vor, irgendwann aus dieser Ehe auszubrechen, wann auch immer das sein würde. Es graute mir vor jeder Nacht mit H., denn er war gut im Überrumpeln und feierte sich selbst, wenn er mich wieder mal befriedigt hatte, wie er sich einbildete. Das war einfach nur abstoßend. Ihm war es egal, ob ich das wollte. Er war sich seiner Fähigkeiten absolut sicher und immens stolz auf seine Potenz.

Trotzdem hielt ich noch ein paar Jahre still, bis wir nach Moskau kamen. Dort wurde mein Mann immer besitzergreifender und glaubte, mit mir machen zu können, was er wollte. Er ließ die Kinder nicht ausreden, wenn sie über ein Thema diskutieren wollten, unterbrach sie laut. Mit seinem angelesenen Wissen wusste er alles besser und so drückte er die anfangs gute Stimmung zu seinen Gunsten. Es war die gleiche Situation, wie ich sie in meinem Elternhaus erlebt hatte. Ein Erwachsener wollte immer recht behalten, was hat schon ein heranwachsendes Kind zu sagen? Je älter die Kinder wurden, desto lauter vertrat er seine Meinung, die aus seiner Sicht die allein richtige zu sein hatte. Wie bereichernd können Gespräche zwischen Eltern und Jugendlichen sein, wenn man ihnen zuhört und behutsam die Diskussion in eine für alle erhellende Richtung lenkt. Nur so kann man den Kindern das Leben mit seinen Höhen und Tiefen erklären, ohne ihnen Angst zu machen. Ich gab mir Mühe dagegenzuhalten, was immer öfter zu heftigem Streit führte.

Meine Sehnsucht, zu lieben und geliebt zu werden, machte mich offen für die Liebe, und sie kam in der Person des charismatischen Chefs. Die Arbeit, die gemeinsamen Dienstfahrten brachten uns näher. Auch er war nicht glücklich in seiner Ehe. Oft bemerkte ich, dass seine Frau ihn zu Lügen zwang, damit er rechtzeitig nach Hause kam, obwohl er noch dringend im Büro gebraucht wurde. Ich deutete diese Eigenschaft falsch. Sie war eine kräftige Russin, die angeblich bestimmte, wo es langging, und ihr gemeinsamer Sohn war der Mittelpunkt, um den sie sich drehten, mehr war nicht mehr übrig von dieser Ehe, und die Angst, nach Hause in die DDR geschickt zu werden, wenn das rauskam. Dabei wussten alle, wie es um diese Ehe stand, nur ich war wieder mal blauäugig und glaubte an die Reinheit eines Mannes. Es sind beide für das Gelingen einer Ehe verantwortlich. Damals hatte ich einen sehr egoistischen Blick auf das, was ich wahrnahm. Es passte nicht zu meiner Verliebtheit. Seine Frau war genauso taub und sich ihrer Ehe sicher, obwohl sie auch mir gegenüber keinen Hehl daraus machte, wie enttäuscht sie von ihrem Mann war. Dieses Signal ignorierte ich. Heute wäre es ein Grund, die Beziehung sofort zu beenden. Er sprach nur schlecht über seine damalige Frau, die angeblich eine Wette abgeschlossen hatte, um sich diesen Deutschen zu angeln. Sie wurde nach dem ersten Date schwanger und L., pflichtbewusst wie er war, stand trotz aller Warnungen zu diesem Kind und heiratete diese Frau, trotz der Bedenken seines Vaters. Wir wussten alle, wie begehrt die deutschen Männer bei den Russinnen waren, um in der DDR leben zu können. Sie war jung und hatte nicht bedacht, dass sich eine russische Seele nur in der Heimat wohlfühlt. Achtzig Prozent dieser Ehen waren zum Scheitern verurteilt. Dieses Verhalten von L. deutete ich als Größe und nicht als Feigheit. Hatte ich doch selbst aus dem gleichen Grund geheiratet. Wie sollte ich da kein Verständnis haben können?

Ich bemerkte, dass ich meinem Chef auch nicht gleichgültig war. Wie er mich ansah, durch den Rückspiegel betrachtete, wenn ich in seinem Dienstwagen hinten sitzen musste. Bei gemeinsamen Veranstaltungen mit dem Team suchte er meine Nähe und so entstand ungewollt ein Energieband, das uns zueinander zog. An einem Abend, unser Team hatte einen Tanzabend organisiert, tanzten wir zusammen. Das führte dazu, dass mein Chef mich spontan küsste, als wir allein waren. Mein Herz klopfte, und romantisch wie ich nun mal war, glaubte ich, dass die große Liebe vor mir stand. Der Abend war noch lang und berauscht vom Alkohol, wurden wir übermütig und schossen über das Ziel hinaus. Denn was wir taten, war verboten. Trotzdem schwebte ich wie auf Wolken, voller Hoffnung, ohne irgendeinen Plan. Am anderen Morgen begrüßte mich mein Chef etwas unsicher wieder mit dem „Sie". Ich war verdutzt. Wo ich die Courage hernahm, ihn zu fragen, ob das am vergangenen Abend ein Scherz gewesen sei, weiß ich nicht. L. entschuldigte sich und erklärte, dass er dachte, dass ich das nicht ernst gemeint haben könne. „Es war kein Scherz", antwortete ich, „mit so was mache ich keine Scherze." Dann fügte ich noch hinzu, dass dies für uns beide unter den Bedingungen eines Auslandseinsatzes viel zu gefährlich sei. Er strahlte und von nun an gingen wir gemeinsam heimliche Wege. Es durfte keiner merken, trotzdem merkten es fast alle um uns herum. Wir genossen jede Minute, jede Stunde, in der wir allein waren. Fuhren in Gegenden bei und um Moskau, wo wir uns aus unserem Leben erzählten, uns küssten und uns liebten.

Wieder einmal musste ich mich entscheiden und beschloss, H. die Scheidung vorzuschlagen. Unter den Bedingungen unseres Auslandseinsatzes konnte das nur mit Besonnenheit geschehen. Wir mussten einen legalen Weg finden, den Einsatz zu beenden, ohne dass die Genossen in der Heimat von meinem Ehebruch erfuhren. Die Folge wäre der Absturz der Karriere meines Mannes gewesen, und das wollte ich nicht. H. verhielt sich diesmal kooperativ, obwohl es nicht ohne dramatische Szenen ablief. Das blieb den Kindern nicht verborgen und sie hielten zu mir und gaben mir unendliche Kraft. Ich musste auch Abstand zu L. bekommen, denn er hatte nicht die Absicht, jetzt schon seine Scheidung einzureichen. Er wollte noch zwei Jahre bleiben, bis sein Sohn das Studium an der Lomonossow-Universität beendet hätte, und dann seinen Auslandseinsatz planmäßig beenden. Außerdem, so sein Argument, würde seine Frau sonst ohne Rücksicht auf Verluste alles zusammenhauen. Ich akzeptierte das und dachte, wenn meine Scheidung durch ist, sehen wir weiter. Es kam anders, als wir dachten. Die Genossen, die hin und wieder aus der DDR zu uns ins Büro kamen, hatten bemerkt, dass der Chef und seine Sekretärin sich nicht gleichgültig waren. Der IM, der unter uns arbeitete und sich als wahrer Freund und Beschützer ausgab, hatte bereits begonnen, die Fäden zu ziehen.

Unter dem Vorwand, dass die Mutter von H. sehr krank sei und man sie nicht mehr alleine lassen könne, bereiteten wir unseren Rückzug aus Moskau vor. Wir ahnten noch nicht, dass Oma Paula tatsächlich an einer beginnenden Demenz litt. Damals deuteten wir das anders, denn auch die Demenz gab es noch nicht als Krankheitsbild so wie heute, man sprach von „allmählicher Verkalkung des Gehirns". Seit wir in Moskau lebten, war es um sie immer einsamer geworden. Sie hatte große Sehnsucht nach ihrem Sohn und nach ihren Enkeln, die hysterische Züge annahm. Das ging so weit, dass sie sich vor ihrem Sohn auf die Knie warf und flehte, sie nicht alleine zu lassen. Erst heute erfasst mich tiefes Mitleid mit dieser Frau, die meine Schwiegermutter war. Ich hatte als junge Frau kein Verständnis für ihre seltsamen Anwandlungen. Meine Eltern hatten mir eher das Gefühl gegeben, froh zu sein, dass es ein Kind weniger gab, um das man sich kümmern musste. Was Einsamkeit bedeutete, kannte ich nur in einem anderen Zusammenhang aus der Familie. Bis zu dieser Zeit war ich nie alleine gewesen, aber in mir einsam. Es sollten noch viele Jahre vergehen, bis auch ich die Einsamkeit der Oma Paula erleben musste.

9 Rückkehr 1983 – ein Balanceakt

Es lief alles wie geplant. Mit Beginn der Sommerferien flogen die Kinder und ich zurück in die DDR. H. blieb noch, um nach einer gewissen Zeit seinen Umzug vorzubereiten. Meine Umzugskisten waren vorausgeschickt worden. Im Außenhandelsbetrieb gab es anscheinend keinen Verdacht, was recht seltsam war. Ich bekam eine Einladung zum erneuten Einstellungsgespräch von dem neuen Generaldirektor, Genosse A., der mir stets gute Absichten vermittelt hatte, als er noch Ökonomischer Direktor im VEB Carl Zeiss Jena war. Ich ignorierte das Ansinnen, denn die Lage hatte sich noch einmal zu meinen Gunsten verändert. Außerdem wollte ich, dass der Vater meiner Kinder seine Version selbst darstellte, denn mit der musste er weiterleben.

Man hätte auch denken können, dass es bei der Stasi unterschiedliche Strömungen gab. Jedenfalls waren die in unserem Fall voll auf der Seite zweier Liebenden. Das glaubte bestimmt keiner. Egal, warum, die halfen uns, uns unbeschadet in Dresden einrichten zu können. Das bleibt mir bis heute ein Rätsel. Dass die Geschichte sich neu schreiben würde, ahnte damals noch keiner.

L. bekam, noch als ich mich in Moskau befand, eine offizielle Order, Moskau mit seiner Familie auch im Sommer zu verlassen. Sie wohnten damals in Leipzig. Er sollte dann diese Wohnung heimlich verlassen und mit mir nach Dresden ziehen. Für zwei Jahre sollte er eine Baustelle in Miltitz bei Leipzig leiten, bis Gras über die Sache gewachsen war. Anschließend, so der Plan, sollte L. im KCA, dem Dresdner Kombinat für Chemieanlagenbau, Direktor für Export und Import werden. Man erwartete seine Scheidung und die Hochzeit mit mir. Danach könnten wir wieder nach Moskau zurück. Das war ein Versprechen des damaligen Generaldirektors des Chemieanlagenbaus Leipzig Grimma, der inzwischen verstorben ist. Er war ein feiner Mensch. Für mich hatte man bereits im Arzneimittelwerk in Radebeul eine Stelle als Abteilungsleiterin „Finanzen", die seit zwei Jahren ohne Leiter war, festgemacht. Sogar eine kleine Wohnung war schon für uns vorhanden. Im Juli 1983 traf L. mit mir, meinen Kindern, den Möbeln, die ich behalten durfte, und 10.000 DDR-Mark in Dresden ein. H. behielt den Trabant und den Rest, für seinen Neuanfang. Als er mit dem Auto aus Moskau zurückkam, waren wir schon in Dresden. Ich empfand kein Mitleid, trotzdem hoffte ich, dass er eine neue Chance bekommen würde. Das war das nächste Wunder, denn er bekam die Leitung der Abteilung „Ordnung und Sicherheit" im Außenhandelsbetrieb des VEB Carl Zeiss Jena. Wer diesen Posten in einem Außenhandelsbetrieb bekam, musste bei der „Firma" angesehen sein oder mindestens IM. Wenn es sich tatsächlich so verhielt, war es auch kein Wunder, und mein Bauchgefühl hatte mich nicht getäuscht.

Ich war glücklich. Wir waren glücklich und es schien, dass es die Kinder auch waren, jedenfalls wollten sie mir das Gefühl geben, dass es so war. Sie verhielten sich verständnisvoll und machten kein Theater, kämpften nicht darum, dass die Eltern zusammenblieben. Wie es bei ihnen innen drin aussah, verrieten sie mir nicht, und ich fragte nicht. Das war ein Fehler, der mir nach Jahren bitter bewusst werden sollte. Sie wollten ihre Mutter glücklich erleben. Kein Mensch ist immer glücklich, das ist eine Illusion. Kinder wissen das noch nicht und glauben fest an das, was sie sehen oder sehen wollen, eine endlich glückliche Mutter.

Am 3. August 1983 wurde ich innerhalb von zehn Minuten in Jena geschieden. Als ich danach in Dresden aus dem Zug stieg und in die Arme von L. fiel, fühlte ich, dass mich nichts mehr umhauen kann. Das war die nächste Illusion und hatte nichts mit dem wahren Leben zu tun. Es sollte sich herausstellen, dass wir nicht unterschiedlicher hätten sein können in unserem Wesen, unseren Wünschen, unseren Einstellungen und unserem Beziehungsverhalten. Das spürt man als Frau leider erst, wenn das Stadium der Verliebtheit in eine neue Phase eingetreten ist, in die, wo das gegenseitige Vertrauen die Basis der Liebe wird. Ich war geblendet vom Charisma, das L. ausstrahlte, und seinem Harmoniebedürfnis, da er jedem Streit aus dem Weg ging. Anfangs war das sehr angenehm, denn Streit kannte ich aus meiner ersten Ehe zur Genüge, und genoss die Ruhe, die scheinbar eingekehrt war. Was aber ist eine Ehe, in der man nicht streiten darf? Ist es nicht wichtig, sich zu reiben, umeinander zu ringen, damit man weiß, was der andere braucht, und sich so wirklich kennenlernt?

Von jetzt an lebten wir im Tal der Ahnungslosen, wie es für Dresden und Umgebung hieß. Ich war nie zuvor hier gewesen und brauchte zwei Jahre, um mich heimisch zu fühlen. Die Liebe hatte mir Flügel verliehen in dem Glauben, unsere Liebe würde bis ans Ende unseres Lebens reichen, und da wäre es egal, wo man lebt. Zu spät erkannte ich, dass das für L. keine Bedeutung hatte und er nicht wahrnahm, was ich meinen Kindern damit antat. Für mich war wichtig, dass wir zusammen waren und die Kinder ein harmonisches Zuhause hatten. In diesem Rausch hatte ich L. nie gefragt, ob er genauso denkt und fühlt. Ich hinterfragte meine Gefühle nicht, ich wollte alles tun, damit unsere Liebe bleibt und wächst. Endlich hatte ich eine glückliche Familie und fühlte mich an der Seite von L. sicher und geborgen. In den ersten Jahren schien sich dieses Gefühl zu bewahrheiten, obwohl ich bei mir im Solarplexus Zweifel spürte, die ich sofort ignorierte. Auch L. genoss unser Zusammensein, den Frieden und dass es keine Szenen gab, wenn er beruflich länger arbeiten musste. Ihm gefiel meine verständnisvolle Art und mein Entgegenkommen in Liebesdingen. Er musste sich nicht anstrengen in unserer Beziehung. Ich liebte für alle mit, ohne zu merken, wie selbstverständlich das für alle wurde. So war ich damals, unbewusst war ich wieder das kleine Mädchen, das es allen recht machen wollte, das glücklich war, wenn sich alle scheinbar wohlfühlten.

Unsere erste Wohnung in Dresden war winzig, eineinhalb Zimmer, kleines Bad und offene Küche in Johannstadt in der Hopfgartenstraße. Wir machten das Beste daraus. Wenn ich es aus heutiger Sicht betrachte, war ich es, die für die gute Stimmung sorgte. Konfrontationen versuchte ich gar nicht erst aufkommen zulassen. Darin hatte ich mich als Kind geübt. Insofern hatten L. und ich etwas gemeinsam. Ich glaubte ihm, wenn er von seinen sich liebenden Eltern sprach, und war überzeugt, dass er eine schöne Kindheit gehabt haben musste.

L. war mit zwei Koffern zu uns gekommen und seinem Genex-Konto, auf das seine Frau keinen Zugriff hatte. Mir war das nicht wichtig, denn ich hatte alles, was wir brauchten, und ein gutes Startkapital. Das Genex-Konto aus meiner Ehe hatte ich H. überlassen. Es gab für im Ausland arbeitende DDR-Bürger die Möglichkeit, bei Genex ein Konto zu eröffnen. Bei Genex konnte man Waren aller Art bestellen, die es in der DDR nicht gab oder auf die man lange warten musste. Auf diese Weise konnte L. in kürzester Zeit einen Trabant bekommen, was unser Leben sehr erleichterte. In der Regel musste man in der DDR zehn Jahre auf ein Auto warten.

Steffen besuchte mit Beginn des neuen Schuljahres die 10. Klasse an der 50. Polytechnischen Oberschule in Dresden-Johannstadt. Es wurde für ihn eine schwierige Zeit, denn er wurde gemobbt, was dazu führte, dass er leistungsmäßig von Eins auf Drei abrutschte. Damit hätte er nicht das Abitur mit Berufsausbildung in Jena-Göschwitz bekommen, wie es geplant war. Er ging relativ gern in die Schule, doch plötzlich stellte ich fest, dass er erst kurz vorm Schulklingeln die Wohnung verließ. Das machte mich hellhörig und ich fragte meinen Sohn, als wir am Abend Zeit für ein Gespräch hatten, ob etwas nicht stimme. Mit Mühe bekamen wir heraus, dass man ihn hänselte, abfällig als „Russe" beschimpfte und weitere diskriminierende Bezeichnungen für ihn fand. Er kompensierte das hinter einer lachenden Maske, was er immer tat, auch heute noch, wenn er seine wahren Gefühle nicht zeigen will. Die Situation war sehr ernst, wenn er die Prüfungen der 10. Klasse nur halbherzig absolvieren würde. Wir nahmen Kontakt mit der Klassenlehrerin auf, die unseren Verdacht bestätigte. L. führte ein ernstes Gespräch mit Steffen, das konnte er gut. Erleichtert bemerkten wir, dass mein Sohn wieder motiviert war und es allen zeigen wollte. Er holte schnell nach, was er versäumt hatte, und erhielt ein Abschlusszeugnis mit dem Prädikat „sehr gut". Nun konnte sein nächster Lebensabschnitt beginnen und schweren Herzens bereiteten wir seinen Umzug nach Jena vor, wo er bei seinem Vater einziehen sollte.

Wir hofften, dass es eine gute Vater-Sohn-Beziehung würde. Das war wieder eine Illusion, die ich fühlte und gleich am ersten Tag in Jena bestätigt bekam, als ich Steffen nach Jena fuhr. Zur vereinbarten Übergabe war H. nicht da. Das setzte sich so fort, denn H. war auf der Suche nach einer neuen Frau, und Steffen, der noch immer pubertierte, war sich oft selbst überlassen. Nach einem Besuch in Dresden brachte ich ihn immer zum Zug und da gab er zu, dass Jena ein Fehler war. Er hätte die gleiche Ausbildung auch in Dresden machen können, doch das wollte er nicht. Mich trieb das in ein tiefes Loch. Ich machte mir schwere Vorwürfe. Das war der Grund, warum ich mich zum ersten Mal in eine psychotherapeutische Behandlung begab.

Zur ersten Sitzung saß ich vor einer jungen Frau. Ich fragte mich, ob sie die Sorgen einer Mutter überhaupt richtig verstehen konnte. Nachdem ich erzählt hatte, was mich bedrückt, war die Zeit um und ich verließ die Praxis unzufrieden. Zur nächsten Sitzung plänkelten wir hin und her. Ich merkte plötzlich, dass unsere Beziehung gekippt war. Die Therapeutin erzählte mir aus ihrem Leben und ich hörte zu, was irgendwie paradox auf mich wirkte. Für mich stand danach fest, diesen Versuch, mir Hilfe zu holen, zu beenden. Wieder einmal wurde mir klar, dass ich allein Lösungen finden musste. Den Schaden, den Steffen in dieser Zeit genommen hat, sollte unsere Beziehung über viele Jahre prägen. Er ignorierte jedes Mal die Vergangenheit, wenn ich ihn darauf ansprach, sodass wir uns nicht aussprechen konnten und unser Verhältnis durch Hilflosigkeit meinerseits und schwindendem Vertrauen mir gegenüber seinerseits geprägt wurde bis zur Sprachlosigkeit bis heute. Seinen Satz: „Mutti, nicht schon wieder, das ist Vergangenheit" kriege ich nicht aus den Ohren.

Meine Tochter besuchte in Dresden eine Spezialschule mit zusätzlichem Russischunterricht. Sie gewöhnte sich gut ein und war sehr beliebt. Mit ihrer Sprachbegabung war sie an dieser Schule am richtigen Platz. In der „Tanzschule Morena" konnte sie ihre Leidenschaft, die dem Tanzen galt, vor allem dem Ballett, weiter ausleben. Ihr Traum war, Ballettänzerin zu werden.

Mich trieb es nun jeden Tag in das Arzneimittelwerk nach Radebeul. Mein erster Arbeitstag war der blanke Horror. Ich musste mit der Straßenbahn ins Werk fahren, da unser Auto noch nicht fertig war. Es war ein warmer Augusttag und in einem luftigen Sommerkleid wollte ich mich den neuen Kollegen präsentieren. Zum Glück begleitete mich L. Beim Einsteigen in die Bahn platzte mir der Schlüpfergummi und ich bemerkte, wie das Höschen zu rutschen begann. Mir schlug das Herz bis zum Hals und die Scham, dass es jemand bemerkt, war kaum zum Aushalten. An der nächsten Station stiegen wir aus und in einem Hauseingang zog ich den Schlüpfer aus. Zum Glück konnte man nicht durch den Rock sehen, sagte ich mir immer wieder und ignorierte mein Schamgefühl. Ich fuhr allein weiter und L. nach Hause, um einen neuen Schlüpfer zu holen, den er mir später brachte. Vielleicht war das ein Signal von „dem da oben", um mir keine Illusionen darüber zu machen, was mich im neuen Job erwartete. Die Gedanken an die neue Verantwortung und die neuen Kollegen trieben mich um und ob ich dem gewachsen war.

In diesem Zustand, „unten ohne", wurde ich vom Generaldirektor des Arzneimittelwerkes sehr freundlich begrüßt, und der Ökonomische Direktor, der mein unmittelbarer Vorgesetzter wurde, führte mich danach in mein Büro, das sich im alten historischen

Gebäude befand. Er zeigte mir seine Freude, dass ich aus Moskau kam, palaverte Floskeln über den Sozialismus und dass wir siegen werden. So eine Schaumschlägerei hatte ich lange nicht über mich ergehen lassen müssen. Später erfuhr ich, dass „Schaumschläger" sein Spitzname unter dem Personal war. Was alles über ihn sagte.

Zu dem Büro, in dem ich ab sofort die Geschicke der Abteilung „Finanzen" leiten sollte, ging es auf einer alten verschlissenen Holztreppe hinauf und ein unangenehmer Geruch schwebte über diesem Teil der Fabrik. Ich war jetzt in der Industrie angekommen, philosophisch betrachtet vom Überbau in den Unterbau gelandet, was mir ganz neue Einblicke in die reale Wirtschaft der DDR ermöglichen sollte. In diesem Büro, das schon sehr lange keine Modernisierung erlebt hatte, erwarteten mich Berge von unbearbeiteten Vorgängen. Mir unterstand die Abteilung „Preise, Inventuren und Kasse". Mit mir wurden ein neuer Hauptbuchhalter und eine neue Leiterin für die Wirtschaftskontrolle eingestellt. Uns drei Neuen war eins gemeinsam, wir wollten ehrliche Arbeit zum Wohle des Unternehmens leisten. Wir hatten die Rechnung ohne den Wirt gemacht. An ehrliche Arbeit war zu dem Zeitpunkt schon lange nicht mehr zu denken.

Die desaströse wirtschaftliche Situation führte auch im Arzneimittelwerk zu Problemen mit der Zulieferindustrie, die notwendigen Wirkstoffe zur Herstellung der Arzneimittel planmäßig zu erhalten. Die Stimmung unter den Arbeitern und Angestellten war entsprechend belustigend und mit bitteren Bemerkungen gespickt. Was 1983 langsam wie ein leises Rumoren begann, damit die Ökonomen endlich wach werden, demotivierte bei den Arbeitern langsam, aber sicher den Glauben an den Arbeiter- und Bauernstaat. Demzufolge wurde ich von einigen meiner mir unterstellten Kollegen misstrauisch begrüßt. Das begann damit, dass man mir verweigerte, Einsicht in das Kassenbuch zu nehmen, das der Abteilungsleiter vor Arbeitsschluss gegenzuzeichnen hatte. Es ist durchaus möglich, dass man mich für eine IM hielt, schließlich kam ich aus Moskau und war in der Partei der SED. Respektlos teilte man mir mit, dass es zwei Jahre ohne Chef ging. Die Kassenleiterin fühlte sich offenbar durch mich einer wichtigen Funktion enthoben. Es wurde geklatscht und getratscht. Der Bereich „Kasse" verleugnete den Bereich „Preise", weil eine der Frauen aus der Preisabteilung mit einem Mann aus der Buchhaltung ein Verhältnis hatte. Dessen Frau hatte Krebs und meine Kollegin einen Mann, einen Professor, der kein Interesse an Sex hatte.

Die beiden Kollegen, die für die Inventuren zuständig waren, trödelten durch den Tag und einer davon war Alkoholiker, was man schon am Morgen riechen konnte. Was hatten sie schon zu befürchten? Arbeitskräfte standen noch nicht auf der Straße Schlange. Ich hatte einen zerstörerischen Haufen von Egoisten übernommen und unbearbeitetes Papier, dachte ich anfangs, und das fühlte sich gruselig an. Bereits zu dieser Zeit gab es einige Menschen, die ihre Antihaltung gegenüber der Politik des Zentralkomitees diffus zum Ausdruck brachten. Bezeichnend für diese Stimmung war die Atmosphäre in der monatlichen Parteiversammlung, die der Ökonomische Direktor leitete, der gleichzeitig Parteisekretär war. Er war der Einzige, der redete, es gab kaum einen Dialog und so war die Versammlung schnell beendet. Genosse R. hatte sich schaumschlägerisch ausgetobt und alle gingen feixend nach Hause.

Mir machte das alles keine Freude und ich begann meine verklärte politische Haltung zu hinterfragen. In Moskau lebten wir wie unter einer schützenden Glocke. Was in der DDR zu brodeln begann, bekamen wir in unserem deutsch-russischen Getto nicht mit. Ich tröstete mich damit, dass wir ein Kind planten, und danach würde ich diesmal das Babyjahr genießen. Bis dahin musste ich das Beste aus allem machen und kämpfte mich tapfer durch das Papier und mit der Staatsbank der DDR um Überbrückungskredite für alles, was zwischenfinanziert werden musste. Gleichzeitig versuchte ich Frieden in meiner Abteilung zu schaffen, was mir nur teilweise gelang, da der Ökonomische Direktor die Auffassung vertrat, wie er sagte: „Das kriegst Du nicht hin, dann übernehme ich den Haufen Kasse und Du bist die los." Aber eine so feige Lösung ging nicht mit mir und ich war empört darüber, mich so primitiv zu demontieren.

Ich wollte nur noch fort und bewarb mich im damaligen Serumwerk in Dresden, wo ein Hauptbuchhalter gesucht wurde. Als das bekannt wurde, lud mich der stellvertretende Generaldirektor des Arzneimittelwerkes zu einem Gespräch ein und bot mir die Stelle des Büroleiters für sich an. Das wäre eine Alternative, dachte ich, besser als Hauptbuchhalter, was ich mir, wenn ich ehrlich war, nicht für mich vorstellen konnte. Ich kam vom Regen in die Traufe. Genosse Leopold (Name geändert) hatte gerade die ZK-Schule (Parteischule des Zentrakommitees) in Moskau beendet und meinte, wir würden ein tolles Team. Er war groß, ein interessanter Mann, der gut reden, aber nicht selbstständig arbeiten konnte, sondern einer, der gern deligierte, wie ich bald feststellen konnte, und sich darin gefiel andere herumzuscheuchen. War eine größere Ausarbeitung fällig, lud er alle, die zuarbeiten mussten, an seinen langen Tisch und er thronte an der Front, gab Kommandos und striezte seine Kollegen bis zur öffentlichen Bloßstellung. Einer davon war der Direktor für Export, ein kleiner, Ruhe ausstrahlender, alter Radebeuler, dessen Vater schon vor Kriegsende und danach im alten Werk gearbeitet hatte.

In der Pause begann ich mit Herrn R. ein Gespräch und fragte ihn, warum er sich diese Behandlung gefallen lasse. Er beruhigte mich und sagte lakonisch: „Dessen Tage sind gezählt, glauben Sie mir." Er sollte recht behalten, obwohl es noch ein paar Jahre dauerte, bis Dr. Leopold hilflos vor meiner Tür stand und sich ausweinen wollte, weil er der Erste war, der bereits während der Demos in Dresden gefeuert wurde.

Meine Begeisterung für diesen neuen Chef legte sich demzufolge schnell, denn er war ein Despot und glaubte Narrenfreiheit zu haben. Eines Tages sollte ich einen Beleg für Whisky und Kognak unterschreiben, den er aus unseren Gastbeständen mit nach Hause nehmen wollte. Ich lehnte ab, denn dann wäre ich erpressbar gewesen, und so hatte ich einen neuen Feind. Als ich endlich schwanger war, teilte er mir mit, dass ich in diesem Zustand nicht länger seine Büroleiterin sein könne, denn er wolle nicht, dass ich unter seinem Leitungsstil eine Fehlgeburt bekäme.

Ehrlicher konnte er mir nicht zeigen, wie froh er war, mich bald loswerden zu können. Er berief die Leiterin für „Ordnung und Sicherheit" auf meinen Posten und ich bekam das Büro von ihr, das ein Einzelzimmer war. Man hatte mich ins Exil entlassen. In diesem Zimmer hatte ich Ruhe, nichts zu tun, und jeder, der sich heimlich zu mir begeben konnte, teilte mir seinen Frust mit der allgegenwärtigen unsicheren Lage mit. Das war nicht immer einfach und ich fragte mich schon, wo das plötzliche Vertrauen mir gegenüber herkam. Von Leopold ausgesondert zu werden, führte zu einer unerwarteten Beliebtheit meiner Person bei den Kollegen. Die Nachfolgerin von mir machte einen auf Mitgefühl mit dem Satz: „Ist mir ja so peinlich, aber Du kennst Dr. Leopold und da ist es schon besser so." Sie war die IM, wie ich später erfuhr, und ich ahnte, wer die Herren waren, die sich in ihrem Büro regelmäßig trafen und sich einschlossen, wenn sie nicht gestört werden durften. Ihres und dann mein Büro wurden der Kummerkasten des Arzneimittelwerkes, eine heimliche Sprechstundenidylle der anderen Art.

Am Abend diskutierten mein Mann und ich über die sich anbahnenden Veränderungen. Noch waren es nur Diskussionen, wo jeder um Sachlichkeit bemüht war. Doch L. verteidigte seine kommunistische Haltung. Er schien blind zu sein, denn er hatte inzwischen den versprochenen Direktorenposten, durfte sogar in das kapitalistische Ausland reisen. L. brachte ein paar Devisen mit und hatte kein Problem, uns aus dem Exquisitladen westliche Produkte einzukaufen. Mich konnte er nicht mehr überzeugen und erste Zweifel an seinem Verstand machten sich in mir breit. Das klingt böse und enttäuscht. In Dresden gab es diese Exquisitläden inzwischen auch und es roch dort wie aus einem Westpaket.

10 Hochzeit und mein drittes Kind

Zwei Jahre waren vergangen und die Scheidung von L. fast durch, als ich zum letzten Termin in Leipzig ins Gericht vorgeladen wurde. Wir fuhren gemeinsam nach Leipzig in das zuständige Gericht, wo ich seiner Frau, deren russischen Mutter und seinem Sohn in die Augen sehen musste. Ich fühlte mich wie vor der Inquisition. An die Fragen, die mir gestellt wurden, kann ich mich nicht mehr erinnern. Ich war froh, als das Verhör beendet war. Danach hatte ich vor der Tür des Gerichtszimmers zu warten. Plötzlich standen seine russische Ex, ihr Sohn und dessen Großmutter wütend vor mir. Sie spuckte mich an und nannten mich „Nazihure". L. seine nun geschiedene Frau sagte: „Du wirst nicht glücklich mit diesem Mann."

Hinter den beiden stand mein zukünftiger Mann mit hängenden Armen. Sein Sohn lächelte peinlich verlegen. Ich fühlte mich beschmutzt und ohne Beistand, denn L. stand nur da und sah betreten auf den Boden. Er hätte mich wenigstens in den Arm nehmen können, um zu zeigen, dass er zu mir gehört. Im Auto stellte ich ihn zur Rede. Ich war sehr enttäuscht und wieder kamen Zweifel in mir hoch mit der inneren Frage, ob ich diesen Mann heiraten sollte. Bis nach Dresden schwiegen wir und redeten nicht mehr darüber; vergessen konnte ich das jedoch nicht und dieser Vorfall wurde zum schweren Vorwurf, als unsere Ehe zu scheitern begann.

Wie immer beruhigte ich mich, blickte positiv nach vorn. Schließlich konnte ich doch nicht plötzlich meinen Kindern das Idealbild dieses Mannes nehmen, in dem sie einen sibirischen Helden und Gutmenschen sahen. Sie hätten das nicht verstanden, dachte ich. Dass ein Held an anderer Stelle auch ein Feigling sein kann, musste ich noch lernen, akzeptieren und meine Grenzen an Toleranz erkennen.

Ich war schwanger mit 37 Jahren, endlich, und das machte mich so glücklich, dass ich alle Bedenken über Bord warf. Man nannte das „Spätgebärende", und als ich beim Gynäkologen die Bestätigung der Schwangerschaft erhielt, legte die Krankenschwester die Überweisung zum Schwangerschaftsabbruch dazu. Ich fragte, was das solle. „Na, Sie wollen doch nicht etwa das Kind in Ihrem Alter bekommen?", war ihre Antwort. Empört klärte ich sie auf, dass das ein Wunschkind ist und ich mir diese Einmischung verbiete. Damit war die Sache erledigt, obwohl ich noch eine Bauchspiegelung über mich ergehen lassen sollte, um alle Möglichkeiten einer Behinderung des Kindes auszuschließen.

Die Bauchspiegelung lehnte ich nach dem Arztgespräch ab. Auf meine Frage, ob er die auch seiner Tochter empfehlen würde, antwortete er: „Das hängt von Ihren Nerven ab." Ich versuchte das zu vergessen und freute mich auf mein Baby, wie jedes Mal. Zum dritten Mal würde ich Mutter, was für ein Gefühl, und ich könnte ihm meine ganze Liebe und Aufmerksamkeit schenken. Niemals konnte ich mich mit Frauen identifizieren, denen es vor diesem Zustand graute und die sich alles Mögliche ausmalten, worauf sie danach alles verzichten müssten. Für mich war es das größte Wunder der Welt, ein Kind zu bekommen. Meine bereits fast erwachsenen Kinder waren noch immer sanft und liebevoll, wenn wir zusammen waren. Dass sich das mal ändern könnte und ich daran nicht unbeteiligt war, wäre mir damals nicht in den Sinn gekommen.

L. war stolz darauf, noch einmal Vater zu werden, aber das äußerte er nicht. Ich vermisste es, mal aus seinem Munde zu hören: „Ich bin stolz und glücklich mit Dir." Nie hörte ich so einen Satz. Er kann nicht über Gefühle reden, das ist bei manchen Männern so, dachte ich mir zu seiner Entschuldigung. Warum er das nicht konnte, hinterfragte ich erst viele Jahre später, als alles zu spät war. Da bemerkte ich, dass man gut mit ihm auskam, solange man keine Kritik an ihm übte und keine existenziellen Themen berührte, die ihn oder uns beide betrafen. Im Gegensatz zu mir, die von Gefühlen geleitet wird und davon jede Menge verteilte, geriet ich neben meinem Mann in ein Dilemma, das ich zu spät bemerkte und mich lange sprachlos machte, denn ich hatte mir so gewünscht, diesmal alles richtig zu machen, denn noch liebte ich diesen Mann. Langsam machte sich eine gewisse Unsicherheit in mir breit. Wie immer machte ich jedoch einfach weiter und glaubte, alles zu schaffen.

Die Hochzeit wurde sachlich geplant, eine kleine Familienfeier im engsten Kreis im Kügelgenhaus in der Dresdner Hauptstraße. Ich wäre zu gern mit L. verreist, eine Hochzeitsreise wünschte ich uns. Nein, wieder merkte ich, dass meine Wünsche unbeachtet blieben, und bekam nicht einmal eine Begründung. Sein Satz: „Das mach ich, wie ich will" sollte sein Leitsatz in unserer Ehe werden, der alle Bemühungen um ein WIR beendeten und mich enttäuscht schweigen ließen. Es wurde trotzdem eine schöne Feier im Kügelgenhaus in Dresden, die am späten Abend endete. Ich wurde nicht über die Schwelle getragen, aber darauf legte ich auch keinen großen Wert, wie auf so vieles nicht, was eigentlich zu einer Hochzeit dazugehört. Im Gegensatz zu meiner ersten Hochzeit im schwarzen Kleid trug ich diesmal ein einfaches weißes Kleid zur Trauung am 7. Dezember 1985.

Wir freuten uns alle auf unser Kind mit Steffen und Manja. Sie trugen mich durch die Schwangerschaft, L. fütterte mich, was auch ein Liebesbeweis sein kann. Gemeinsam suchten wir Namen für ein Mädchen oder einen Jungen. Würde es ein Mädchen, sollte es Katja heißen, und der Junge Tom. Ich wünschte mir einen Tom, der klug, mutig, stark und abenteuerlustig sein sollte, keinen Feigling. Er sollte in Dresden im Sankt-Joseph-Stift zur Welt kommen. Diese Klinik war gleich um die Ecke von unserer Wohnung in der Stephanienstraße und hatte einen guten Ruf. Wir wohnten inzwischen in einer Dreiraumwohnung, in der wir uns sehr wohlfühlten. Manja hatte ihr eigenes Zimmer, und Steffen, wenn er zu

Besuch kam, auch einen Schlafplatz. Unser Kind würde anfangs in unserem Schlafzimmer schlafen. Am 3. August 1986 begannen am Morgen die Wehen und ich weckte meinen erstaunten Mann, für den diese Schwangerschaft ein großes Mysterium war, da er sie zum ersten Mal bewusst miterlebte. Als seine russische Frau schwanger war, hatte er kaum etwas damit zu tun gehabt, denn sie lebte während dieser Zeit bei der Mutter in Tiflis, der Hauptstadt von Georgien, und L. studierte in Moskau. Er sah seinen Sohn immer nur, wenn er ein paar Tage nach Tiflis flog. Diesmal war er immer dabei, wenn auch nicht während der Geburt, was damals noch nicht in jeder Klinik erlaubt war. Die Zeiten hatten sich für Gebärende etwas geändert, denn man musste nicht mehr warten, bis die Wehen natürlich kamen und den Geburtsprozess einleiteten. Ich bekam einen Wehentropf, der zur Beschleunigung der Geburt führen sollte.

Es war Sonntag, wie bei der ersten Geburt von Steffen. Als es so weit war, gegen 20 Uhr, hatte ich noch zwei Stunden vor mir, und genau um 22 Uhr lag das dritte kleine Wunder Tom auf meinem Bauch, nachdem er seinen Schrei abgegeben hatte und gesäubert war. Das Erste, was er tat, als er zu mir auf den Bauch gelegt wurde und ich ihn mit einer Hand berührte, war, dass er meinen Daumen der rechten Hand ganz fest in seine kleine Hand nahm und ihn festhielt. Alle Liebe ließ ich in seine kleine Hand und in sein kleines Herz strömen. So ein Wunder, so ein großes Glück fühlte ich auch für dieses Kind. Und ich dachte auch an meine Mutter, die nie erfahren würde, dass sie noch einen Enkel bekommen hatte. Mit ihrem Suizid hatte ich mich noch immer nicht versöhnen können. Es war so bedauerlich, dass sie sich aufgegeben hatte. Diese Gedanken schob ich beiseite, ich wollte mich ganz auf meinen kleinen Sohn konzentrieren. Bezeichnend wurde, dass Tom viel schrie, doch sobald ich ihn bei mir hatte, beruhigte er sich, trank genüsslich und schlief beruhigt ein. Merkte er, dass er allein war, schrie er wie am Spieß. Endlich konnten wir gemeinsam nach

Hause, wo uns ein kleines Fest erwartete. Manja und L. hatten den Tisch gedeckt und wir konnten uns nicht sattsehen an dem kleinen Menschenkind.

Von nun an war ich zu Hause im Babyjahr, das auf anderthalb Jahre festgelegt war und bezahlt wurde. Das war eine Errungenschaft in der DDR, die dazu führte, dass sich Mütter ganz um ihr Baby kümmern konnten. Diese Zeit genoss ich in vollen Zügen. Meine Tochter, die damals schon 15 Jahre war, begleitete mich liebevoll und erlebte, was es bedeutet, sich um ein Baby kümmern. In dieser Zeit sagte sie mal: „Ich werde mir erst ein Kind anschaffen, wenn ich diese Verantwortung tragen kann." Das machte sie wahr.

Während dieser Zeit begannen die ökonomischen Probleme und politischen Unruhen im Land immer mehr spürbar zu werden. Die Kabarettisten wurden mutiger, wir verstanden ihre vorsichtigen, doch hörbaren Anspielungen. Im nächsten Jahr sollten Wahlen sein und die meisten Menschen wollten einen Regierungswechsel.

Wir hofften nun endlich wieder nach Moskau zurückzukommen, doch es tat sich nichts. Deshalb suchte ich mir eine Halbtagsstelle in der Nähe unserer Wohnung, wo auch gleich um die Ecke der Kindergarten war. Ich begann in der Verwaltung des Bezirksschulrates als Personalsachbearbeiterin. Was sollte ich mit einem Leitungsposten, wenn wir bald wieder ins Ausland gehen würden? Bevor ich mit der neuen Arbeit beginnen konnte, besuchte mich an einem Abend ein Genosse aus der Bezirksleitung der SED. Er wollte mich überzeugen, dass ich dort im Rechnungswesen arbeiten sollte. Mir war sofort unwohl dabei. Schmeichlerisch begründeten sie das Angebot damit, dass sie dort eine vertrauenswürdige Genossin bräuchten. Die war ich aber nicht mehr. Innerlich hatte ich inzwischen große Zweifel an der Politik der DDR. Ich lehnte mit der Begründung ab, dass für uns ein Auslandseinsatz vorgesehen sei und außerdem sei ich kein Zahlenmensch. Mein Mann konnte das nicht verstehen, er war noch immer blind und gehörlos bei den unterschwelligen Bewegungen, die im Volk stattfanden. Zum Glück hatte ich bei meiner Einstellung im Bezirksschulrat der Kaderleiterin mitgeteilt, dass es sein könne, dass wir demnächst in Moskau arbeiten würden. Ich hatte bereits die ersten Tage gearbeitet, als ich vorgeladen wurde mit dem Vorwurf, gelogen zu haben. Die Bezirksleitung hatte meine Ablehnung nicht einfach so hingenommen und wollte mir einen Strick daraus drehen. So einfach war das aber nicht mehr. Es gab bereits den „Runden Tisch" und die ersten Demos in Dresden. Ich verteidigte mich energisch und da konnte ich inzwischen sehr überzeugend sein. Man glaubte mir oder es blieb den Genossen nichts anderes übrig, als zu akzeptieren, dass ich für sie nicht in der Bezirksleitung zur Verfügung stand. Diesmal hatte mir mein Bauchgefühl das Richtige gesagt.

Unser Auslandseinsatz wurde langsam Realität und war für das Frühjahr 1990 geplant. Bis dahin und davor gab es noch einige Turbulenzen in der Familie und in der Politik.

Manja hatte in Leipzig die Ballettschule verlassen müssen. Aus Scham wollte sie nicht an ihre alte Schule zurück und begann die 10. Klasse am späteren Berthold-Brecht-Gymnasium und sie bewarb sich für ein Studium an der Palucca Schule, (heute Palucca Hochschule für Tanz in Dresden), die einen neuen Studiengang für ältere Eleven eingerichtet hatte. Sie bestand die Aufnahmeprüfung und freute sich über die neue Chance, ihren Traum leben zu können. Leider mit keinem glücklichen Ausgang, denn es stellte sich heraus, dass ihre Knie nicht stabil genug und dem ständigen Training nicht gewachsen waren. Das war ein Schock, von dem sich meine Tochter nicht wirklich erholte, was wir leider unterschätzten und späte Folgen in ihrem Leben haben sollte. Sie hatte die 10. Klasse als Beste abgeschlossen und hatte so viele Begabungen, besonders auf dem Gebiet der Sprachen, doch sie wollte in die Kunst. Als sie die Palucca Schule verlassen hatte, begegnete sie dem Chef der Komparserie der Semperoper. Er kannte Manja aus der Zeit, als sie im „Kinderballett Morena" getanzt hatte. Dieser Mann brachte Manja auf die Idee, sich für ein Praktikum in der Maske an der Semperoper zu bewerben. Er würde ihr helfen, dort einen Vorstellungstermin beim Chefmaskenbildner zu bekommen. Wir waren begeistert und bereiteten eine Mappe mit Porträts vor, bei der ich ihr half. Dabei stellte sich heraus, dass sie auch zeichnerisches Talent hatte. Alles klappte wie am Schnürchen. Manja bekam das Praktikum und ihr Weg zur Maskenbildnerin sicherte ihr doch noch einen Platz am Theater. Wie steinig dieser Weg wurde, ist mir erst heute bewusst, denn diesen Weg musste sie ganz allein gehen.

Obwohl sie schon 20 Jahre war, hatte ich ihre Ängste nicht ernst genommen. Hatte ich doch in dem Alter schon ein Kind gehabt und kannte diese Anhänglichkeit an die Mutter nicht so, wie es meine Tochter erlebte, denn ich ließ sie in dieser Zeit allein, weil wir wieder nach Moskau gehen wollten. Ich glaubte es meinem Mann schuldig zu sein, wollte wiedergutmachen, dass er mit dem Bekanntwerden unserer Beziehung alles in der UdSSR hinter sich hatte lassen müssen. Heute frage ich mich, ob er nicht viel glücklicher in Dresden war und froh war, den Druck und die Verantwortung nicht mehr aushalten zu müssen. Das hätte er jedoch niemals zugegeben. Dieses Gefühl, gebraucht zu werden, etwas Besonderes zu sein, trug er so sehr in sich, dass es alle anderen Gefühle überlagerte. Mit der Zeit wurde die Arbeit für ihn immer wichtiger. Ich unterstützte ihn dabei wie selbstverständlich, indem ich jede familiäre Last meistens allein trug. Das war mir in Fleisch und Blut übergegangen, weil das schon immer so war. Als Älteste von drei Geschwistern trug ich die Verantwortung für diese, und wenn etwas nicht klappte, war ich schuldig; selbst als mein erwachsener Bruder und meine volljährige Schwester aus dem Haus waren und ich in Jena mit der eigenen Familie lebte, war ich schuldig für den Mist, den sie aus der Sicht der Eltern bauten. Trotzdem war in mir kein Hass, nur eine tiefe Traurigkeit und immer wieder die Frage:

Warum tun sie das? Der Alltag holte mich immer schnell wieder ein, denn die Familie war mein Lebensmittelpunkt. Zeit zum dauerhaften Grübeln blieb nicht. Das Leben ging weiter.

11 Wendejahre – Umbrüche – Moskau 1989–1995

Wir bereiteten unseren Umzug nach Moskau mit einem lachenden und einem weinenden Auge vor. In dieser Zeit entstand in Dresden etwas, das wir mit Staunen beobachteten. In der DDR wurde demonstriert, auch in Dresden. Jeden Montag trafen sich mehrere Tausend Menschen auf der Pragerstraße, die friedlich, aber bestimmt eine andere demokratische DDR forderten, und Reisefreiheit, ebenso in Plauen, Leipzig und Berlin.

Die Genossen waren beunruhigt. Ich war damals Mitglied in der Wohngebietsparteiorganisation von Johannstadt, in der ich die jüngste Genossin war. Die alten Genossen, die nach dem Krieg Dresden aus den Trümmern aufgebaut hatten, waren sprachlos und ohne Verständnis. Sie wandten sich an mich und ich stammelte mir eine Erklärung ab, die keine Antwort gab auf die Betroffenheit dieser gutgläubigen alten Garde. Sie taten mir leid, denn sie hatten sich in Sicherheit gewogen und dem Selbstverständnis, dass der Sozialismus siegen würde. Alles schien so sicher. Die meisten waren schon Rentner und erlebten den Arbeitsalltag nicht mehr persönlich. Ihre Sichtweise rührte daher, was nach dem Krieg geblieben war und was sie inzwischen wiederhatten. Das war mehr, als sie je zu erreichen gehofft hatten. Diese Unzufriedenheit der jüngeren Generation konnten die alten Genossen nur teilweise verstehen.

Auf einem Plakat hoch oben an einem Hochhaus am Pirnaischen Platz stand noch lange weithin lesbar: „Der Sozialismus siegt". Der Spruch wurde irgendwann entfernt, doch der marode Plattenbau steht noch immer in hässlichem Grau, bis auf die unteren Etagen, in denen Läden entstanden. Für die oberen Etagen hat sich bis heute kein Investor gefunden, um das Haus zu sanieren. Vielleicht soll es als Mahnmal stehen bleiben für den Untergang einer Epoche, die keine Zukunft hatte.

Für mich wurde es Zeit zu entscheiden, mich zu positionieren, denn auch ich wollte so nicht weitermachen. In den Parteiversammlungen im Schulrat beriet man hilflos über die neue Entwicklung. Die ersten Schulklassen, die von einem Treffen in Ungarn zurückkamen, waren etwas desorientiert, was ein Gegenstand der Tagesordnung unserer Versammlungen war. Die Schuldelegationen aus Dresden platzten während ihrer Ungarnreise mitten hinein in den Strom der Ausreisewilligen aus der DDR. Auf die Diskussionen mit den ungarischen Lehrern und Schülern waren unsere Kinder und Lehrer, die dort zum Schüleraustausch angereist waren, nicht vorbereitet. Die Ereignisse überschlugen sich. Inzwischen fuhren Züge von Prag mit Ausreisewilligen Richtung Grenze nach Westdeutschland und die Züge fuhren durch Dresden. Am 4. Oktober 1989 liefen Zehntausende Dresdener zum Hauptbahnhof, um auf einen durchreisenden Zug aufzuspringen. Dabei kam es zu Straßenschlachten mit der Polizei. Wieder saßen wir in einer Parteiversammlung und diskutierten ohne Ergebnis. Keiner traute sich offen seine Meinung zu sagen, nur die Hundertprozentigen ließen ihrer Empörung über die Demonstranten freien Lauf. Das alles und die Wahlfälschungen vom 7. Mai 1989 führten zu meiner Entscheidung, aus der Partei auszutreten, was ich auch entschlossen tat. Damit stand für mich fest, nie wieder in irgendeine Partei einzutreten.

Nichts ahnend schalteten wir wie jeden Abend am 9. November 1989 den Fernseher ein und dann erlebten wir staunend, wie Günter Schabowski, Pressesprecher des Politbüros, neue Reiseregelungen verkündete. Offenbar selbst überrascht, sagte er wortwörtlich „… die es jedem Bürger der DDR möglich macht, äh, über Grenzübergänge der DDR auszureisen. Ab sofort." (Quelle: Robert-Havemann-Gesellschaft e. V. – laut Google) Wir fragten uns, wie es nun weitergehen würde.

Ich verfolgte die Diskussionen am „Runden Tisch" des „Neuen Forums", die Reden Schorlemmers sowie das Interview mit Stefan

Heym und begriff allmählich, dass sich eine Veränderung in der DDR vollzog, mit der keiner mehr gerechnet hatte und die auch nicht mehr aufzuhalten war. Die Hoffnung, dass die friedliche Revolution, die nicht wirklich friedlich war, endlich die Selbstbestimmtheit für die DDR-Bürger bringen würde, war groß. Erich Honecker wurde durch Egon Krenz abgelöst und nach und nach das gesamte Zentralkomitee. Das alles geschah innerhalb eines Jahres. Nebenbei verkauften wir für 7.000 DDR-Mark unseren Trabant, den wir nicht mehr brauchten. Später tat mir der Käufer leid, denn es sollte bald ganz andere Autos geben.

Den Auftritt von Bundeskanzler Helmut Kohl in Dresden erlebte ich im Fernsehen, denn vor Massenkundgebungen hatte ich eine Aversion entwickelt und blieb weiterhin lieber passiv beobachtend. Von den blühenden Gärten und dem neuen Wohlstand, den Kohl versprach, konnten wir noch lange träumen. Das kam zwar alles tatsächlich, doch anders als das Volk der DDR es wollte.

Ich freute mich über die Veränderungen, verfolgte alle Ereignisse mit Spannung, denn nun durften wir endlich nach Hannover reisen und Tante Annelie besuchen. Noch vor Weihnachten fuhr ich mit meiner Tochter im Zug nach Hannover, wo wir jeder 100 DM Besuchergeld bekamen, die jeder Bürger der DDR damals erhielt, wenn er in die BRD reiste.

War das ein Traum? Als wir die Grenze passierten, hörte ich Manja erstaunt sagen: „Hier ist alles viel heller, die Häuser so sauber, als würde ein Vorhang aufgezogen." Ja, wir hatten den „Eisernen Vorhang" hinter uns gelassen. Die Verwandtschaft begrüßte uns überschwänglich und war unermüdlich bemüht, uns ihren Wohlstand zu zeigen. Wir armen Ostler wurden verwöhnt und dankten höflich. Die späteren Besuche verliefen nicht mehr so friedlich, denn es sollte sich zeigen, dass unsere Dankbarkeit Grenzen hatte. Wir brauchten bald keine Westpakete mehr. Neidisch beobachteten die Verwandten, dass wir gut ohne sie zurechtkamen. Demut vor mittelmäßigem Reichtum war uns in der DDR nicht anerzogen worden und eine Würde hatten wir auch, die es zu verteidigen galt. Schuld am Untergang der DDR ließ ich mir nicht einreden. Oft genug hatte ich den Mund aufgemacht, wenn es im Rahmen meiner beruflichen Verantwortung nicht mit rechten Dingen zuging. Es floss viel böses Blut vonseiten der lieben Westverwandtschaft, bis man den Kontakt zu uns abbrach.

Bis die Familie endgültig zerbrach und eine neue Mauer, eine emotionale Mauer, entstand, ging das Leben rasant mit seinen Veränderungen weiter. Denn in deren Folge fiel über Nacht die Mauer. Mit Schabowskis Verkündung am 9. November 1989 stürmten Hunderte von Menschen in Berlin in der gleichen Nacht die Mauer und es gab keine Halten mehr. Die Grenzer waren machtlos und im Allgemeinen Durcheinander verbrüderten sich die Menschen hüben wie drüben. Die Mauer wurde gestürmt und es begann dort auf der Mauer ein Tanz wie auf einem Vulkan. Wildfremde Menschen umarmten sich, es floss Sekt und erstaunt betrachtete man die Autos, mit denen die Ostler fuhren. Man klopfte sich gegenseitig auf die Schultern, es kullerten jede Menge Freudentränen und man war für diesen Augenblick ein Herz und eine Seele.

Wie in unserer Familie wurde es auch im gesellschaftlichen Miteiander ernst im neuen Beziehungsgeflecht zwischen West- und Ostdeutschen, nachdem die erste Euphorie verklungen war. Davon bekam ich in der Noch-DDR nichts mehr mit, denn ich befand mich schon in Moskau und verfolgte das alles im Satellitenfernsehen. Es entstand der Wessi und der Ossi.

Am 14. Februar 1990 saßen wir – mein Mann, Tom, der damals vier Jahre war, und ich im Flieger einer Aeroflot. Wir flogen in eine neue Etappe unserer Familie, ohne zu ahnen, dass wir bald einem vereinten Deutschland angehören würden. Ebenso waren uns die bevorstehenden Veränderungen der UdSSR mit der Perestroika und Glasnost noch nicht bewusst. Alles schien in Bewegung. Ich träumte davon, dass mein Mann wieder dort an unser Liebesleben anknüpfen würde, wo wir in Moskau 1983 aufhören mussten. Die politischen Ereignisse, Steffen und Manja zurückzulassen und die Gespräche darüber hatten uns keine Zeit mehr für uns beide gelassen. Außerdem sollte ich Großmutter werden.

Das Wohngebiet Jugo Sapatnaja in Moskau hatte uns wieder. Dort hatte sich noch nichts verändert. An der Botschaftsschule der DDR hing noch immer an der Außenwand das futuristische Gemälde mit der großen Schrift „Deutsch-Sowjetische Freundschaft". Die Hochhäuser sahen auch noch genauso aus und ragten im Wohngebiet hoch hinaus als Beispiel für den Wohlstand der DDR. In so einem Hochhaus bekamen wir unsere Wohnung in der 7. Etage mit einem großen Balkon und Panoramablick. In der Ferne sahen wir die Konturen der riesigen Stadt Moskau und ein Teil des Wäldchens, einer grünen Oase, in der wir uns gern sommers wie winters aufhielten. Das „Universam" stand noch am alten Fleck im Wohngebiet. Doch die angebotenen Lebensmittel erschreckten uns, es gab noch weniger als Anfang der Achtzigerjahre.

Tom kam in den Kindergarten, der sich im Wohngebiet befand, wo er sich schnell eingewöhnte. L. übernahm wieder die Leitung des technisch-kommerziellen Büros des Kombinates des Chemieanlagenbaus. Ich sollte in der Handelsvertretung der DDR ein Sachgebiet übernehmen. Wir waren in kurzer Zeit zu Hause in Moskau. Da ich noch nicht sofort mit der neuen Arbeit beginnen musste, beschloss ich an einem Tag den Leninski- Prospekt abzulaufen. Ich hatte vergessen, was für eine Mammuttour ich mir da vorgenommen hatte, und freute mich, mir die alten Geschäfte, die Porzellanläden und die Kunstläden anzusehen. Die Enttäuschung war groß und trieb mir Tränen in die Augen. Was ich erlebte, konnte ich nicht fassen. Leere Geschäfte. Im „Favor", dem Porzellanladen, lagen nichts weiter als Plastetüten und Metallutensilien grober Art, aber keine Gläser, kein Porzellan und in den anderen Geschäften sah es nicht anders aus. Ich erlebte das Ergebnis einer ökonomischen Umstrukturierung ohne Waren. Gorbatschow wollte die Sowjetunion in ein demokratisch-kommunistisches Land verändern, doch er hatte keine Ahnung, wie das gehen sollte in einem Land voller Bodenschätze und den noch immer vorhandenen dogmatischen Strukturen. In den ehemaligen Schmuckläden gab es weder Gold noch Silberschmuck nur billigen Schmuck aus Blech. Mein Entsetzen war unbeschreiblich. Traurig brach ich meine Tour durch Moskau ab, denn meine Arthrose hatte sich nach dem langen Marsch schmerzhaft gemeldet. Mit der Metro fuhr ich in Gedanken versunken und bedrückt zurück.

Einen Monat später fand ich mich am Schreibtisch der Handelsvertretung der DDR wieder. Alles schien so wie immer, nur die Informationen, die uns aus der DDR erreichten, machten uns unbewusst klar, dass wir einer ungewissen Zukunft entgegengingen, deren Ausgang voller Rätsel war.

Im März flog ich für eine Woche zurück nach Dresden zu Steffens Verlobung in Jena. Meine Tochter empfing mich. Im Flieger hatte sich mir ein Mann vorgestellt, den ich lange nicht loswurde. Er war der Parteisekretär von Dresden-West, verheiratet und machte mir Avancen, die ich entschieden, aber humorvoll zu entschärfen versuchte, damit er sich keine Hoffnungen machen würde. Allerdings gab ich ihm meine Moskauer Telefonnummer, was ein Fehler war. Er gehörte einer Gruppe von Genossen an, die glaubten, von der Sowjetunion aus noch Einfluss auf die Entwicklung in der DDR nehmen zu können. Sie suchten in Moskau unter den ehemaligen Genossen Verbündete. Mit Grüßen von Herrn Modrow begann er zu werben, als er uns in unserer Moskauer Wohnung besuchte. Doch wir hatten entschieden, uns weder von Ost noch von West politisch einbinden zu lassen. Uns gefiel die schmeichlerische Art nicht. Offenbar hatte er die Zeichen der Zeit nicht verstanden. Irgendwann hörten wir nichts mehr von diesem Menschen. Wir fragten uns auch immer wieder, wem wir noch vertrauen können.

Am 3. Oktober 1990 waren auch wir in die Botschaft der BRD

in die Mosfilmowskaja eingeladen, um gemeinsam den Tag der Deutschen Einheit zu begehen. Das war ein surreales Gefühl. Bei einem gemeinsamen Bankett, dem eine Rede von Klaus Kinkel vorausging, vermischten sich die Deutschen aus Ost und West. Ich war wohl auch etwas stolz, dass ich dabei war. So etwas erlebt man nur einmal im Leben und ich staunte innerlich über diese Entwicklung. Graf von Lambsdorff war auch anwesend. Ich konnte ihn noch öfter bei Feierlichkeiten mit seinem Stock in Moskau sehen. Eine edle Erscheinung mit widersprüchlicher politischer Laufbahn, aber sichtbar beliebt. Als das Hotel „Kempinski" in Moskau eröffnet wurde, stand Graf von Lambsdorff mit dem Rücken zu mir. Ich meine das witzig. Ein schöner Rücken kann auch entzücken! Dabei halte ich nicht viel von hohen Persönlichkeiten, sie sind auch nur Menschen.

Unsere russischen Kollegen hatten kein Verständnis von dem, was in der DDR geschah. Ihr hattet doch alles, warum habt ihr eine Revolution gemacht, fragte mich Ludmilla. Dann kam der Tag, an dem das Emblem der DDR auf meinem Schreibtisch lag. Die Handelsvertretung der DDR wurde abgewickelt, ebenso jedes einzelne Unternehmen der ehemaligen DDR-Kombinate. Es gab keine Außenhandelsbetriebe mehr und kein Außenhandelsmonopol der DDR, das Zeichen der wirtschaftlichen Souveränität der DDR gegenüber dem Kapitalismus. Das technisch-kommerzielle Büro des Chemieanlagenbaus wurde plötzlich durch eine Hamburger Trading-Gesellschaft geführt, die Öfen herstellte. Die scheinbare Gelassenheit meines Mannes wunderte mich nicht, denn so war er. Über seine Ängste sprach er nicht und so machte ich mir weiter keine Sorgen. Es war trotzdem eine spannende Zeit, in der wir lebten, als wäre das normal. Nichts war normal. Die Verwaltung der Handelsvertretung der DDR gab es nicht mehr. Die Bundesbürger, die in Moskau lebten und arbeiteten, zogen nach und nach in unser Wohngebiet, und so lernten wir uns kennen. Die Kinder der ehemals für verschiedene Seiten agierenden deutschen Eltern besuchten nun gemeinsam den Kindergarten und die Schule. Unsere Brüder und Schwestern aus der BRD hatten in Moskau keinen eigenen Kindergarten und keine eigene Schule. Jetzt hatten sie das alles auch, nur die Kindergärtnerinnen sollten eine Umschulung machen nach den Bedingungen in der BRD, denn sie waren angeblich nicht gut genug ausgebildet.

Durch die neuen Kontakte meines Mannes bekam ich eine Stelle bei dem internationalen Unternehmen Klöckner – Industrie- Anlagen (INA) mit Sitz in Duisburg. Der Repräsentant dieser Firma in Moskau war ein Österreicher und mein unmittelbarer Vorgesetzter Herr K. aus Hamburg. Ich sollte die Finanzen des Büros leiten, die in einem katastrophalen Zustand waren. Die Welt wurde immer kleiner, denn die Vorgängerin von mir in diesem Büro war die Cousine von Herrn Wagner, dem damaligen Dresdner Bürgermeister. Ich wurde wie ein Alien euphorisch empfangen. Nun hatten sie eine Sächsin als Mitarbeiterin, wie sie dachten. Für sechs Stunden Arbeit bekam ich 25 DM am Tag, so viel hatte ich noch nie verdient. Versichern sollte ich mich selbst, stand in meinem Vertrag. Doch was für Versicherungen brauchte ich im neuen Land? Wir hatten keine Ahnung, und das sollte ich bei der Rückkehr nach Deutschland 1995 erfahren und spüren, spätestens da erfuhr ich, was ich gebraucht hätte. Das Büro von Klöckner befand sich im Zentrum Moskaus in einer Seitenstraße. Nun fuhr ich jeden Tag mit der Metro ins Büro. Nach einem halben Jahr kaufte ich von einem Botschaftsangehörigen, der seinen Einsatz beendet hatte, einen kleinen Golf GTI, der schon etwas älter war und mit dem ich auf Moskaus chaotischen Straßenverhältnissen einige Abenteuer erleben sollte.

Jeden Morgen stieg ich mit klopfendem Herzen in mein Auto und fuhr den Wernadskowo hinunter ins Zentrum. Im Winter, der in Moskau früher als in Deutschland begann, war das besonders dramatisch, weil es keine Straßenberäumung mehr gab. Glasnost hatte zur Folge, dass alte Strukturen wegfielen und sich keiner mehr für Ordnung und Sauberkeit der Stadt verantwortlich fühlte. Plötzlich lag Schmutz auf den Straßen und in der Metro. In den Durchgängen der Metro sah ich Bettler und Kriegsversehrte aus dem Afghanistankrieg auf klapprigen Gefährten, mit denen sie sich mit ihren verlorenen Beinen fortzubewegen versuchten. Wo kamen die plötzlich her? Das Dilemma der zu schnell gewollten Marktwirtschaft für Russland brachte nun hervor, was hinter den zuvor propagierten heroischen Fassaden des Kommunismus verborgen geblieben war. In mir brodelte Zorn über mich selbst, über meine Verblendung, die zu lange daran glaubte, dass der Sozialismus die einzig richtige Gesellschaftsordnung sei. Darum war ich froh, in meinem Auto durch Moskau fahren zu können, um nicht so nah mit der vergehenden kommunistischen Realität konfrontiert zu werden. Eine Illusion, denn auch mit meinem Auto gab es kein Entrinnen.

Mehrmals passierte es, dass mitten im Fahren plötzlich der Motor ausging, und ich lernte, während der Fahrt den Golf neu zu starten. Ich jubelte jedes Mal, wenn mir das gelang. Da ich ein technisches Greenhorn bin, kann ich mich immer riesig freuen, wenn ich mit naiven Interventionen die Technik besiegen kann, daran hat sich bis heute nichts geändert. Es war wieder Winter und Klöckner- Industrie- Anlagen (INA) hatte das Büro in den Norden Moskaus auf das Gelände der Allunionsausstellung WDNCh verlegt. Ich fuhr gerade eine Anhöhe hoch, wollte rechts abbiegen, als ich mich an der Stoßstange eines Lkws hängen sah, der Fahrer konnte keine Notiz von mir nehmen, denn er saß an seinem Lenkrad mindestens fünf Meter über mir auf der linken Seite. Wie immer in solchen Momenten verlor ich nicht die Nerven; fieberhaft überlegte ich, was ich tun konnte, um nicht im Schlepptau des Lkws zu bleiben. Kurz vorm Abbiegen gab ich Gas, lenkte scharf nach rechts und kam von dem Monster los. Es schepperte laut, doch ich fuhr mit klopfendem Herzen weiter. An Anhalten war nicht zu denken, dann wäre vielleicht jemand auf mich aufgefahren. Es galt eine Regel im russischen Verkehr, immer nach vorn schauen, niemals nach hinten. Als ich endlich vor unserem Büro einparken konnte und ausstieg, sah ich mit Schrecken, dass die linke Seite am Auto einige deutliche Spuren von dem wagehalsigen Ausbruch abbekommen hatte. Ich bekam das große Zittern. Erst jetzt reagierte mein Nervenkostüm. Ich erlebte brüderliches/schwesterliches Verständnis von allen Kollegen und Kolleginnen auf internationaler Ebene, wurde getröstet, bewundert, und alle waren froh, dass ich mit einem Blechschaden davongekommen war.

Ein anderes Mal fuhr ich wieder Richtung WDNCh wieder im Winter, über den Moskauer Ring mit vier Spuren, der total verschneit war, sodass man keine Schlaglöcher, die es zuhauf gab, sehen konnte. Ich fuhr in der linken Spur außen, vor mir, hinter mir und neben mir Autos und ich mittendrin. Plötzlich ein Knall und das Lenkrad zog nach rechts. Spontan hielt ich es mit aller Macht gerade, was mein Glück war. Der rechte Vorderreifen hatte einem unsichtbaren Schlagloch nicht standgehalten, ich hatte einen Platten. Es gab nur eine Option, tapfer auf der Felge weiterfahren, bis sich eine Gelegenheit bieten würde, irgendwo zu parken.

Eine Möglichkeit schien sich vorerst nicht zu bieten, denn eine Brücke über der Moskwa musste noch überwunden werden, um das Manöver in die rechte Spur hinzubekommen. Ich fuhr auf drei Rädern und der rechten Vorderfelge, als endlich rechts von mir ein Wohngebiet mit den ersehnten Einfahrten zum Parken zu sehen war. Ich brauchte einen Laden mit einem Telefon, von einem Handy konnte ich damals noch nicht mal träumen; unvorstellbar, dass es so etwas einmal geben würde! Dabei befand man sich mitten in der russischen Realität. Links sah ich eine Apotheke und rechts einen Bäcker, integriert in einem großen Wohnblock mit mehreren Etagen. Voller Hoffnung ging ich hinein. Zuerst wandte ich mich an die Brotverkäuferin und bekam ein NET – „Nein", denn wenn es in einem Haus ein Telefon gab, hingen alle Bewohner an einer

Leitung. Das bedeutete, man musste schnell sein oder Glück haben, die Leitung zu erwischen, wenn sie frei war, was wirklich ein Geduldsspiel sein konnte. Die Moskauer telefonieren gerne und lange, wenn sie einmal telefonieren. Enttäuscht und mit bangem Herzen ging ich hinüber in die Apotheke. Auch dort war die Leitung besetzt, doch nach kurzem Warten konnte ich mit meinem Mann telefonieren. Da ich noch nicht die neue Telefonnummer unseres Büros im Kopf hatte und auch nicht aufgeschrieben bei mir, musste er dort anrufen, mitteilen, was passiert war und wo ich mich befand.

Etwas erleichtert setzte ich mich auf eine Bank und beobachtete die Leute in der Apotheke, meistens ältere Frauen, die alle als russische Großmütter – Babuschkas – zu erkennen waren. In mir sahen sie auf der Straße nie die Deutsche, sondern das russische „Mädchen", „Dewotschka". Nach fünf Minuten kam eine Babuschka mit ihrem Rezept auf mich zu, das sie mir empört zeigte, und sagte (natürlich auf Russisch): „Dewotska, sieh Dir den Preis an! Wovon soll ich das bezahlen?! Da ist meine Rente weg, so viel kostet doch schon ein Brot!" Ich drückte mein Bedauern aus und teilte mit ihr die Empörung, mehr konnte ich nicht tun. Ja, so war das zu Beginn der Perestroika und Glasnost. Die Rubelpreise stiegen ins Unendliche, man nennt das auch Inflation.

Nach einer halben Stunde kamen Nicolai, unser Fahrer, und sein Kumpel, die mich im Schlepptau des Golfs in die WDNCh mitnahmen, wo sie den Reifen wechselten und ich ins Tagesgeschäft eintauchen konnte. Von da an fuhr ich nicht mehr unbelastet durch Moskau. Trotzdem fuhr ich lieber mit meinem Golf als mit Bus oder Metro, weil die öffentlichen Verkehrsmittel stickig und überfüllt waren. Wenn ich zurückfuhr, kam ich zu den Leninbergen, bog auf die Straße zur Lomonossow-Universität, dann musste ich links abbiegen, und genau davor überfiel mich jedes Mal die Panik. Es war immer eine Blitzattacke, in der die Sorge, nicht rechtzeitig nach Hause zu kommen, meine Gedanken bestimmten, da mein Sohn auf mich wartete. Es war wie ein Wunder, dass die Panik genau in dem Moment verflog, als ich in Richtung Wernadskowo eingebogen war. Das lag wohl daran, dass ich hochkonzentriert auf den Verkehr achten musste und keine Zeit hatte, mich weiter in der Panik aufzuhalten. Unbewusst hatte ich die richtige Intervention gegen die Panik angewendet, was mir später als Therapeutin half, die Paniken meiner Klienten zu verstehen und ernst zu nehmen. Was ließ Goethe Faust sagen? „Grau ist alle Theorie …"

Wir konnten gar nicht so schnell denken, wie wir mit einem Mal Bundesbürger Deutschlands waren und statt im Sozialismus uns mitten im Kapitalismus befanden. Erstaunlich war die Anpassungsfähigkeit ehemaliger DDR-Bürger hier in Moskau. Denn alle, die im Ausland arbeiten durften, waren in der Partei, bis auf manche Ehefrauen. Ich erinnere mich an eine Episode, die mein Mann erlebte, als er von einer Dienstreise aus Berlin zurückkam. Er hatte bei unserer Ausreise keine Gelegenheit gehabt, sein Parteibuch in Berlin im Außenministerium abzugeben, was ein übliches Ritual war, bevor man die DDR verließ. Das wollte er vor seinem Rückflug nach Moskau noch erledigen. Die Genossin, der er sein Parteibuch übergeben wollte, sah ihn mit großen Augen an, schüttelte den Kopf und zeigte zum Fenster. Sie sagte: „Schau da hinunter, da liegen sie schon, Du kannst Dein Dokument als Andenken behalten oder wirf es dazu." L. hatte noch immer nicht begriffen, was wirklich passiert war. Das Außenministerium der ehemaligen DDR war zu dem Zeitpunkt im Herbst 1990 dabei, sich aufzulösen.

Die Weihnachten verbrachten wir meistens in Dresden. Endlich sah ich meine beiden großen Kinder wieder. Manja wohnte in unserer Wohnung und hatte inzwischen die Friseurlehre beendet und das große Glück, an der Hochschule für Kunst in Dresden Theaterdesign zu studieren, um danach an der Semperoper als Maskenbildnerin zu arbeiten. Steffen war inzwischen verheiratet,

Vater eines Mädchens namens Tina geworden und Tom somit Onkel und ich Großmutter. Immer wenn wir wieder in Dresden waren, trafen wir uns alle und ich war glücklich, dass es allen gut ging. Leider war das nicht die Wahrheit. Sie machten Krisen durch, bei denen ich durch Abwesenheit glänzte und nicht helfen konnte, was besonders meine Tochter mir übelnahm, was aber leider erst sehr spät zum Ausbruch kam und unser Verhältnis zeitweise zu zerreißen schien.

Mit den Veränderungen bekamen wir einen neuen Dienstwagen, den wir nach Weihnachten nach Moskau überführen sollten. Wir stiegen statt in einen Flieger in einen Mercedes, ein älterer Jahrgang und ein neues Fahrgefühl mit einem Stern an der Autofront. So starteten wir nach Weihnachten in Richtung Polen, wo wie in Warschau übernachteten, und weiter ging es zur russischen Grenze. Das war Abenteuer pur und unser Sohn immer dabei mit „Benjamin Blümchen" und später mit Tom Astors „Flieg, junger Adler, flieg..." oder mit Reinhard Meys „Über den Wolken..." aus der Kassette. Da wusste ich noch nicht, dass er Pilot werden wollte und das Fliegervirus schon in sich trug. In Minsk übernachteten wir noch einmal und dann ging es die schnurgerade Trasse nach Moskau, auf der wir kaum Gegenverkehr hatten. Die meiste Zeit waren wir allein auf der Straße, selten begegnete uns ein Moskwitsch oder ein anderes Gefährt bis auf einen grauen Wolf, der aus dem Wald auf die Straße und mir in die Augen zu schauen schien. Er schien mir zuzulächeln und ich lächelte zurück, dann war er weg. Das ging alles sehr schnell. Das Bild eines flüchtigen Moments mit dem Wolf sehe ich noch immer, wenn ich meine Augen schließe und an diese Szene denke. Als wir in Moskau glücklich in unserem Mercedes ankamen, war der Stern verschwunden.

Unser Sohn wurde 1992 in die Botschaftsschule der BRD in Moskau eingeschult. Das war ein großes Ereignis. Wie jedes Kind freute er sich auf die Zuckertüte und stolz trug er seinen Ranzen. Das Zusammengehörigkeitsgefühl der Deutschen in Moskau war groß. Wir schlossen Freundschaften mit einigen Familien und deren Kindern. Wenn es etwas zu feiern gab, taten wir das mit befreundeten Familien. Besonders die Kindergeburtstage wurden zu kleinen Höhepunkten und bleiben unvergessen in Erinnerung. In einem dicken Fotoalbum habe ich diese schönen Zeiten für Tom festgehalten. Heute haben diese Alben nostalgischen Wert. Dieses Album sollte das Leben von Tom als Kind enthalten und ein Zeugnis dafür sein, dass er mit seiner zukünftigen Frau zusammen in einer Schulklasse war. Sie hatte ihm bereits zu einem Geburtstag in Moskau schriftlich mitgeteilt: „Tom und Susi lieben sich." Als wir 1995 Moskau verließen, blieb Susi in Moskau und machte dort ihr Abitur. Damals war nicht daran zu denken, dass sie sich jemals wiedersehen, und schon gar nicht, dass sie eines Tages Mann und Frau werden, und das in einer anderen Gesellschaftsordnung in München.

Ich wurde Mitglied im International Women's Club, der sich immer mal zu internationalen Events in Moskau in einer Botschaft traf, die für die Veranstaltung verantwortlich zeichnete. Dabei lernte ich Frauen aus der ganzen Welt kennen, eben diese, die mit ihren Männern in Moskau akkreditiert waren. Das war ein buntes Treiben, inklusive der Mode, die diese Frauen entsprechend ihrer Kulturtradition trugen. Für mich waren diese Treffen bereichernd, denn ich erlebte, dass Frauen aus unterschiedlichsten Welten sich wunderbar verstehen können. Die Sprache war zweitrangig. Ich konnte mich schon immer ohne Sprache mit Menschen aus anderen Ländern nonverbal verständigen, obwohl ich auch inzwischen etwas Englisch postgradual gelernt hatte. Unsere westdeutschen „Geschwister" sprachen oft Deutsch gespickt mit englischen Wörtern, das ärgerte mich unsäglich. Also musste ich auch Englisch lernen.

Eine dieser Frauen, eine Deutsche von drüben, die mir ermöglichte, diesem Club beizutreten, borgte mir Bücher, die es in der DDR nicht gab. Eines dieser Bücher wurde für mich zu einem

Schlüsselerlebnis. Es hieß: „Wenn Frauen zu sehr lieben", von Robin Norwood, Ehe-, Familien- und Kindertherapeutin in Santa Barbara, USA. Zum ersten Mal las ich darüber, dass man seinem Leben mit den Verwicklungen und Verstrickungen aus der Familiengeschichte nicht ausgeliefert bleiben muss. Liebe und Hass nehmen wir aus früheren Bindungen mit in unser Leben und damit müssen wir uns auseinandersetzen, sonst kann es keine Lösung für all das Leid geben, das noch immer in vielen Familien besteht.

Ich war gebannt von dem, was ich da las, und in einer Lebensgeschichte erkannte ich mich wieder, dabei konnte ich nicht aufhören zu weinen. Ein Vorhang schien sich in mir wieder mal zu öffnen, und von da an verschlang ich alles, was mir an psychologischer Literatur in die Hände kam. Die Sensibilität für Beziehungsverhalten wurde weiter in mir geweckt, was meiner Ehe gar nicht gut bekam. Ich hinterfragte nun auch das Verhalten von L., dem ich bis dahin ein bequemes Frauchen war, das sich allen seinen Bedürfnissen angepasst hatte, geduldig aus der zweiten Reihe agierte und eigentlich das kleine Familienunternehmen aufrechterhielt.

Inzwischen war ich 40 und fragte mich, was aus mir noch werden könne, wenn wir zurück nach Deutschland kommen würden. Die Arbeitsstelle bei Klöckner- Industrie-Anlagen GmbH (INA) hatte ich aufgegeben und in der Vertretung von Siemens ein anderes Sachgebiet übernommen, was mir nicht besonders gefiel. Der Vorteil war, dass ich dort zum ersten Mal an einem Computer schreiben musste und ein Faxgerät kennenlernte, das so groß war wie ein halbes Klavier. So begann 1993 meine digitale Zeit. Im vorletzten Jahr unserer Moskauer Zeit arbeitete ich in der Vertretung der Commerzbank. Hier hatte ich ein Einzelzimmer, in dem ich Rechnungen schrieb und bearbeitete und einen Computer. Die Commerzbank hatte sich dem Training von Jungbankern für neue russische Banken verschrieben. In Moskau wuchsen private Banken wie Pilze aus dem Boden, und das im feinsten Ambiente mit vergoldeten Türschildern und Marmor verkleideten Wänden in den Fluren. In dieser Zeit betrieb ich bereits Zahlungsverkehr am Computer zwischen uns und einer russischen Bank in Englisch und Russisch. Herr F., mein unmittelbarer Vorgesetzter, auch ein Ossi, trieb mich an, das zu perfektionieren. Ich war jedes Mal stolz, wenn mir so eine Transaktion gelang. Wenn ich dann wieder die Seiten im Rechnungsordner umblätterte, fragte ich mich immer öfter: Was mache ich eigentlich hier? Diese Arbeit war für mich ausgesprochen langweilige und erfüllte mich nicht. Der Arbeitsweg mit meinem Auto war nun nicht mehr ganz so weit, doch ohne kleine Zwischenfälle ging es nicht.

Wenn ich mich recht erinnere, war es ein Mittwoch, die Arbeitszeit war beendet und ich freute mich auf die Heimfahrt. Als ich zu meinem kleinen Volkswagen GTI kam, war dieser von einem riesigen Volvo zugeparkt. Nach kurzem Überlegen holte ich eine Schachtel Marlboro aus meiner Handtasche und ging zum Deschurnü. In jeder Vertretung gab es ein Pförtnerhäuschen, in dem ein Wachhabender saß, wie wir das nennen würden. Ich erzählte ihm von dem Malheur und fragte, ob er mir helfen könne, nebenbei gab ich ihm die Marlboro-Zigarettenschachtel. Es dauerte keine fünf Minuten, als vier kräftige junge Russen den Volvo anpackten und ihn von meinem Golf wegtrugen, um ein anderes Auto damit zuzuparken. Parkplätze waren in Moskau eine Rarität und Probleme löste man mit Zigaretten oder Bierdosen, es war ja die Zeit von Glasnost. Nicht alle Russen hatten gleich einen Vorteil von den Veränderungen und der bevorstehenden Marktwirtschaft. So hatten wir immer Dosenbier und Marlboro bei uns, wenn wir durch Moskau oder über Land fuhren, falls uns ein Milizionär anhielt.

Im Sommer fuhren wir an die Moskwa zum Silberwäldchen, an den Fluss, der Moskau teilt. Das „Silberwäldchen" ist ein großes Datschengebiet mit Holzhäusern, die eine russischen Elite und ausländische Diplomaten gemietet hatten. Eine idyllische Gegend. Dort machten wir am Ufer der Moskau Picknick, genossen die Sonne und schwammen im Fluss. Auch am Strand von Uspenskoje fanden wir uns ab und zu am Wochenende ein. Dort zu schwimmen, war etwas schwierig, denn hier musste man das Steilufer nach unten überwinden, und die Moskwa hatte eine starke Strömung. Wir genossen diese Ausflüge und kehrten erholt in die Metropole von Moskau zurück, um am Montag wieder in das Arbeitsleben zu starten.

In mir entstanden Zweifel. Meine Erwartungen an die Rückkehr unserer Liebesbeziehung hatten sich nicht erfüllt und eine tiefe Enttäuschung machte sich in mir breit. Was hatte ich alles aufgegeben? Ich wurde krank und ein Hormonschock wirbelte mich durcheinander. Die Sehnsucht nach Dresden, zu meinen Kindern und zwei kleinen Enkeln wurde immer stärker. Die Angst, den Anschluss an meine berufliche Entwicklung zu verpassen, bestimmte zusätzlich mein Denken. Wir hörten auch in Moskau von den vielen traurigen Lebensgeschichten als Folge der Wende, von plötzlicher Arbeitslosigkeit und Selbstmorden einiger ehemaliger Leiter von Betrieben, die ihre Position im Werk von einem Tag zum anderen verloren hatten. Meinen Mann schien das alles nicht besonders zu tangieren, was natürlich nicht stimmte, er reagierte introvertiert, während ich als die Extrovertierte keinen Hehl mehr aus meinen

1990 erster russischer Winter

Gefühlen machte. Eine neue Seite an mir, die ich sonst immer die Angepasste zu sein schien.

Ich kündigte bei der Moskauer Commerzbank und begann, L. behutsam zu vermitteln, dass es für mich hier kein weiteres Leben und schon gar nicht für immer in Moskau geben könne. Nachts hatte ich verbotene Träume. Ich vermisste Zärtlichkeit und sehnte mich nach Liebe.

Nun war ich dem Straßenverkehr nicht mehr regelmäßig ausgesetzt und hoffte mich zu erholen. Wir kauften mir eine Staffelei, Ölfarben, alles, was man zum Malen braucht. Jede Woche besuchte ich eine andere Gemäldegalerie in Moskau, vor allem die Tretjakow-Galerie, und holte mir kreative Anregungen für meine endlich beginnende künstlerische Entfaltung, von der ich schon als Jugendliche geträumt hatte und von der ich mir einen Ausbruch aus dem Stress der vergangenen Jahre erhoffte.

Morgens, wenn L. und Tom die Wohnung verlassen hatten, war es still. Ich freute mich, endlich an die Staffelei zu kommen, als ein heftiger Schmerz durch meinen Körper fuhr. Ganz plötzlich schien sich ein Reifen um die Brust zu schließen, mich einzuengen, mir den Atem zu nehmen. Eine große Angst überfiel mich. Ich dachte an die Symptome bei meiner Mutter und schrie: „Nein, nicht ich auch!", und drückte die Fäuste gegen den Brustkorb. Dann versuchte ich mich zu bewegen und langsam kam ein normales Körpergefühl zurück. Das war nicht der Anfang einer Depression, sondern die ersten Anzeichen einer beginnenden Spondylose im Halswirbel, die bei Belastung zu Verkrampfungen im Brustbereich führen kann und bei mir erst sehr spät im Alter diagnostiziert wurde. Mein Körper hatte mir meine Grenzen signalisiert, die ich wissentlich ignorierte. Was man nicht sieht oder fassbar ist, lässt sich nur schwer erklären, vor allem wenn es wieder vorbei ist. In der Familie erzählte ich darüber nichts. Sprach ich mal darüber, wurde ich verständnislos angesehen. Ich sollte weiter funktionieren, schien mir, und so machte ich weiter. Das schreibe ich ohne Bitterkeit, denn es lag ja an mir und ich wollte niemandem zur Last fallen. Eine Frau eben und ich ticke wie tausend andere Frauen auch. Wir sind Beziehungsgurus und wollen nur das Beste für unsere Familie. Dabei kann es passieren, dass man sich selbst vergisst oder gar verliert.

12 Rückkehr – Psychologiestudium und andere Turbulenzen

Im Sommer 1995 war es endlich so weit. Wieder packten wir Umzugskisten. L. hatte ein Angebot als Direktor im Anlagenbau in Chemnitz erhalten. Das bestimmte erst mal unsere Pläne. Ich hatte sehr gute Zeugnisse der westdeutschen Firmen, bei denen ich in Moskau tätig gewesen war, und hoffte, wieder als Finanzökonomin in Dresden bei einem Unternehmen Arbeit zu finden. Nachdem wir uns wieder in unserer Wohnung in Dresden-Johannstadt eingerichtet hatten, ging ich zum Arbeitsamt. Dort erwartete mich ein Schock. Die freundliche Dame erklärte mir hinter ihrem Schreibtisch ohne Anteilnahme: „Tut mir sehr leid, mit Ihrem Abschluss als Ökonomin kann ich Sie nicht vermitteln. Die Fachschule in Gotha wurde abgewickelt und Ihr Titel ist wertlos geworden. Machen Sie sich ein schönes Leben. Sie haben doch einen Mann, der Geld verdient." Dann war ich draußen und stand am Ausgang. Mir liefen Tränen übers Gesicht, die ich nur mühsam zurückhalten konnte.

Ich hatte keine Arbeitslosenversicherung und den Anspruch auf jegliche Unterstützung verwirkt. Nun wusste ich, warum damals in dem Jobvertrag der Moskauer Unternehmen stand, dass ich mich selbst versichern müsse. Seit meinem 20. Lebensjahr hatte ich mit Unterbrechung wegen der Geburten der Kinder gearbeitet und jetzt sollte ich mit 44 Jahren keine Arbeit finden?! Das war für eine Frau, die in der DDR aufgewachsen war, unvorstellbar. Tom ging morgens in die Schule in die 4. Klasse. L. fuhr jeden Morgen nach Chemnitz und kam am späten Abend nach Hause. Ich schrieb Bewerbungen, mit denen ich mich mit meinem heutigen Wissen auch abgelehnt hätte. Ich war eine Ossi, kam nach fünf Jahren aus Moskau und hatte keine Ahnung, worauf es im neuen Deutschland ankam, wenn man sich bewirbt. Das Leben ging weiter und dann kam von meinen Nachbarn ein Lichtblick. Über sie und ihre Beziehungen erhielt ich bei einem Projektmanager eine Sachbearbeiterinnenstelle im Finanzbereich und als Sekretärin. Damit war ich wieder im Arbeitsamt registriert und erarbeitete mir einen Anspruch auf Arbeitslosengeld, nur darauf kam es jetzt an. Die andere Seite war der neue Chef. Ein Legastheniker aus Hamburg. Er hätte mein Sohn sein können. Er wollte mir erklären, wie ich eine Überweisung auszufüllen, zu buchen und zu disponieren habe. Im geteilten Deutschland hatten beide Seiten keine jeweils eigene Art der Kontenführung entwickelt. Er hielt sich für einen Revolutionär, der uns blöden Ossis zeigt, wie man ein Unternehmen führt. Das drückte er genau so aus, wie ich es hier schreibe. Er war dumm wie ein Brot. Sorry, das muss jetzt mal sein. In Moskau hatte ich kluge Brüder und Schwestern aus dem Westen kennengelernt und ich breche damit nicht den Stab über mögliche gute Ost-West-Beziehungen. So etwas hängt auch immer von der Kinderstube ab, die einer gehabt hat, und dem Horizont, über den ein Mensch verfügt. Da spielt es keine Rolle, wo einer herkommt. Mir war klar, dass ich bei diesem H. nur eine Übergangsphase durchlaufen würde. Da ich nur sechs Stunden tätig zu sein hatte, blieb mir genügend Zeit, mich um die Zukunft zu kümmern. Mit der jetzigen Situation wollte ich mich nicht abfinden, das konnte es nicht gewesen sein.

Schon in Moskau war mir eine Annonce aufgefallen, in der die Paracelsus Schule, die es inzwischen auch in Dresden gab, private Studiengänge zum „Psychologischen Berater" anbot. Also ging ich dort hin und unterhielt mich lange mit dem damaligen Studienleiter Dr. Küppers. Er bot mir einen Schnuppertag an und erklärte mir die Modalitäten. Zum Glück hatte ich in Moskau eigenes Geld verdient, das ich dafür verwenden wollte, um nicht unser Familienkonto zu belasten. Wenn ich diesen Weg ging, dann aus eigener Kraft; etwas anderes wäre mir zum Verhängnis geworden, als jeder in der Familie behauptete, ohne L. hätte ich das nie bezahlen können. So ist das, wenn man aus sich kein großes Gewese macht, sondern gezielt, still und konsequent seinen Weg geht. Schließlich weiß man vorher nie, ob man das schafft. Nach dem Schnuppertag wusste ich: Das will ich! Naiv stürzte ich mich in die Ausbildung und habe es keine Sekunde bereut. Zum Jahresende kündigte ich beim Projektmanager H. und meldete meine Ausbildung dem Arbeitsamt. Das war wichtig, weil ich am Ende eine Praxis als selbstständige „Psychologische Beraterin" eröffnen wollte. Das war riskant, denn so etwas gab es im Osten noch nicht.

Damals unterstützte die Europäische Union Frauen, die sich selbstständig machten, mit einem Zuschuss in Höhe von 10.000 DM, der nicht zurückgezahlt werden musste. Außerdem erhielt man vom Arbeitsamt im ersten Jahr jeden Monat einen Überbrückungskredit. Ich fühlte mich ohne Bedenken großartig und lernte mit einer Leidenschaft und Konzentration, die ich an mir so nicht kannte.

Der Studiengang war ein integrativer, das heißt, man konnte jederzeit einsteigen, und ich stieg ein, so schnell es ging. Wir waren 17 Erwachsene mit unterschiedlichen Lebensgeschichten und eine tolle Gruppe. Die Erfahrungen, die ich in dem Studium machte, ließen mich aus verborgenen seelischen Verletzungen erwachen und gaben mir ein Selbstvertrauen, von dem ich mich bisher geweigert hatte, es bewusst zu leben. Das hatte Folgen, denn meine Veränderungen wurden in der Familie misstrauisch beäugt. Die Westtante sagte am Telefon: „Was? In Deinem Alter willst Du noch mal studieren?" Ich war 45, na und? Mein Bruder fragte: „Wirst Du denn damit Geld verdienen?" Wie oft musste ich mir diesen Satz anhören? Mich konnte nichts mehr aufhalten. Ich kaufte einen Computer, noch ohne Internet, so einen großen Kasten, den ich im Schlafzimmer in einer Ecke platzierte, wo ich mir meinen Studienplatz einrichtete. Das Studium dauerte drei Jahre, inklusive Videoseminaren, Symposien, Abend- und Fernstudien mit vielen Übungsstunden und darüber, wie man erfolgreich psychotherapeutisch kommuniziert. Jede Menge Bücher musste ich mir kaufen und lesen, die ich alle verschlungen habe und die sich noch immer in meinem Arbeitszimmer befinden. Es war immer ein Traum von mir, viele Büche zu besitzen, und ich habe sie alle gelesen. Dieses Wissen, das mir bisher verborgen geblieben war, bereicherte und veränderte mich. Dabei vergaß ich die Familie nicht, obwohl ich zu spät merkte, dass sie mit dieser meiner Veränderung gar nicht klarkamen. Der Einzige, der damit zurechtkam, war Tom, der immer dabei war und mit mir groß wurde. Er kannte mich nicht anders im Gegensatz zu seinen Geschwistern, die mit mir in einer anderen Zeit aufgewachsen waren. Sie hatten keine großen Probleme, sich in der BRD zurechtzufinden, aber meinem Weg standen alle skeptisch gegenüber. L. ging immer mehr auf Abstand, ohne dass wir das gleich merkten. Er bewunderte mich zwar, staunte, nahm nebenbei zur Kenntnis, wie intensiv und ernsthaft ich studierte. Ab und zu spürte ich einen gewissen Neid. Er gab mir zwar die finanzielle Sicherheit, aber tief und innig konnte er keinen Anteil nehmen, denn so richtig ernst konnte er diese neue Frau nicht nehmen.

„Warum bist du nicht mehr die Frau, die du warst, als ich dich als meine Sekretärin in Moskau kennenlernte?" Das war so ein Satz, den ich mir in unseren folgenden Krisenzeiten anhören musste. Vielleicht warteten alle auf mein Scheitern. Ich weiß das nicht so genau, doch wenn ich diese Zeit im Nachhinein analysiere, kann ich zu keinem anderen Ergebnis kommen. Denen, die in der DDR aufgewachsen waren, muss ich schon als ein etwas ungewöhnliches Wesen erschienen sein, die das nicht schaffen kann. Vor allem nicht in der Psychologie, wo man doch ein Universitätsstudium haben sollte. Sich selbstständig machen, so ein Risiko! Aber doch nicht mit so etwas, und damit auch noch Geld verdienen, ist das moralisch? Dabei gab es das schon damals in den USA als gängige Alternative zu den psychotherapeutischen Praxen und ist inzwischen auch in Deutschland keine Seltenheit mehr, wenn die

Presse nicht gerade mal wieder eine Sendung braucht, um unseren ungeschützten Berufsstand infrage zu stellen. Im Gegensatz dazu wird diese Frage keinem Rechtsanwalt gestellt, der eine private Praxis betreibt und dabei ebenfalls ungeschützt agiert, während er horrende Honorare kassiert.

Während des Studiums freundete ich mit Ruth an, die aus Österreich mit ihrer Familie nach Dresden gekommen war. Sie ist Malerin, Künstlerin wie ihr Vater und aktiv in der Gesellschaft für Multiple Sklerose. In Weißig oberhalb von Dresden hatte sie bereits ein Atelier, in dem sie unter anderem Maltherapie für Multiple Sklerose (MS)-Betroffene anbot. Sie sprach mich eines Tages an und fragte, ob wir gemeinsam eine Praxis eröffnen wollen, da es neben ihrem Atelier noch freie Räume gab. Natürlich nahm ich das Angebot an, besser hätte ich mir den Einstieg nicht wünschen können, es halbierte die Kosten und gleichzeitig lernte ich in der folgenden Zeit bei ihr viel über diese Krankheit. Sie brachte mir auch das Malen wieder nahe, das ich inzwischen aufgegeben hatte, wegen der Spondylose.

Im Jahre 1997 begannen wir mit der Planung und Einrichtung. Als wir unser Zertifikat als „Psychologische Berater" in der Hand hatten, ebenso unseren Kredit, die Flyer und Visitenkarten, feierten wir die Eröffnung unserer gemeinsamen Praxis für Psychologische Beratung. Ich hatte mich dafür entschieden, Ehe-, Lebens- und Mobbingberatung anzubieten. Auf meinem Flyer und auf meiner Visitenkarte stand unter anderem: „Mauern überwinden". Das war mein Motto, das wollte ich erreichen. Damals wusste ich noch nicht, wie lange immer wieder neue Mauern aufgebaut würden. Es kann auch unsichtbare Mauern geben, wenn ich dabei an die Entwicklungen in meiner Familie sowie an die heutige politische Situation in Dresden, Deutschland, Europa und in der Welt denke.

Die ersten Wochen verbrachten wir mit Warten, ehe zum ersten Mal eine Klientin zu uns fand. Weißig liegt zudem etwas außerhalb von Dresden, ist eher dem Landleben zugewandt, und da hält man nicht viel davon, sich psychologisch beraten zu lassen. Trotzdem sprach es sich herum, dass da zwei Frauen seien, bei denen man Hilfe zur Selbsthilfe bekommen könne ohne lange Wartezeiten. Doch dann merkte ich, dass ich etwas ändern musste. Ich wollte es allein schaffen und ging auf die Suche nach einer großen Wohnung, in der ich ein Praxiszimmer einrichten konnte. Damit verlor ich eine Freundin. Tom kam in die Pubertät, er war oft allein und ich hatte Angst, ihn zu sehr sich selbst überlassen zu müssen, wie es bei den beiden Großen gewesen war.

Im darauffolgenden Sommer zogen wir in die Eisenacher Straße von Striesen, in ein wunderschönes altes Bürgerhaus mit 100 Quadratmetern, wo wir wohnten und in dem ich in einem Zimmer meine Praxis einrichten konnte. Es gab ein Gäste-WC, eine große gefliese Küche mit Blick hoch zu den Elbhängen und der Ardenne-Sternwarte, einen großen Abstellraum, einen großen, breiten Korridor, in dem auch mal ein Klient warten konnte. Das Zimmer, in dem meine Praxis sein würde, war sonnig und groß genug, dass man sich nicht eingeengt fühlte. So hatte ich mir das vorgestellt und alles klappte wunderbar. War ich angekommen? Nur mein Mann fühlte sich offenbar nicht wohl. Ihm war das alles zu luxuriös. Die Decken waren zu hoch und auch noch mit Stuck versehen. Er sprach ständig seine Verwunderung aus über das neue Zuhause, als gehöre er da nicht hin. In einem Plattenbau im 10. Stock hätte er lieber gewohnt. Dafür hatte ich kein Verständnis. Nichts gegen die Plattenbauten, aber mir ging es in erster Linie darum, Familie, Kind und Praxis unter einen Hut zu bringen, denn schließlich musste das alles gemanagt werden, auch ohne L., wenn er auf Dienstreise war. Die Miete für die Praxis konnte ich von der Steuer absetzen, was wollte ich mehr?

Das Jahr 2000 brach an. Die Praxis lief gut. Ich gönnte mir einige Weiterbildungsmaßnahmen, die mich bereicherten und zusätzlich meinen Horizont erweiterten. Es entstanden neue Verbindungen, die mir halfen, als Therapeutin bekannt zu werden. Tom war auf dem Weg zum Abitur und ich war im Elternrat mit dabei. Der Kontakt zur Schule war mir wichtig, so wie bei den anderen beiden Kindern zuvor.

Mit dem Millennium brodelte es zwischen L. und mir immer stärker. Wieder wurde ich krank. Ich versuchte erneut eine Psychotherapie mit Unterstützung des Medikaments Cipramil. Frau Dr. M. diagnostizierte eine Depression, gleichzeitig war ich in den Wechseljahren. Die Ehe mit L. kriselte heftig. Wir drehten uns im Kreis. Jeder Dialog endete damit, dass L. jedem weiteren Gespräch aus dem Weg ging. „Du bist für mich, als wärest Du auf dem Mount Everest und ich komme da nicht hoch", sagte er einmal. Frau Dr. M. vermittelte uns einen Termin bei einer der besten Ehetherapeutinnen in Dresden. Doch L. konnte keinen Termin wahrnehmen, weil immer eine Dienstreise ins Ausland dazwischenkam und offenbar wichtiger war als unsere Ehe. Dabei suchte ich nur seine Nähe, das Gefühl, dass wir zusammengehören, denn ich war nicht auf dem Mount Everest. Nach einem Streit sagte er: „Dann muss ich eben gehen", und ich ließ ihn gehen. Die Enttäuschung war unbeschreiblich und mein Stolz ließ keinen Schmerz nach draußen. Innerhalb kurzer Zeit zog er in eine Einraumwohnung in der Nähe vom Hauptbahnhof, einem Plattenbau mit Blick auf die Bahngleise und dampfende Schornsteine. Tom blieb bei mir. Er wurde nicht gefragt und hätte auch nicht mit in diese Einraumwohnung ziehen können. Darüber war ich froh. Ohne mein Kind an der Seite wäre ich am Boden zerstört gewesen, denn die beiden anderen lebten schon lange ihr eigenes Leben und darin durfte ich nur ab und zu Gast sein.

L. reichte die Scheidung ein und ich ließ es geschehen. Einen Anwalt konnte ich mir nicht leisten. Eine Trennung bedeutete für mich auch eine finanzielle Unsicherheit, obwohl L. mir Unterhalt zahlte. Trotzdem machte es mir Angst, wenn ich darüber nachdachte, ob es mir gelingen würde, meine Selbstständigkeit aufrechtzuerhalten. Mir blieb keine Zeit zu grübeln und so ging ich auf allen Gebieten meinen Verpflichtungen nach – wie immer.

Für Tom brach eine Welt zusammen, seine heile Familienwelt. Damit war meine eigene Betroffenheit weniger wichtig. Warum gelang es mir nicht, eine Ehe stabil zu leben? Sind die Schatten der Vergangenheit so ausdauernd, dass sie einen immer wieder einholen, obwohl man sie loshaben will? Ich hatte mir doch geschworen, dass meine Kinder keine Scheidungskinder werden sollten, so wie ich eines war.

Es galt jetzt, diesen wunderbaren Jungen einen Halt zu geben, bei ihm zu sein, ihm Sicherheit durch mich zu geben, damit er nicht an seiner Verzweiflung zerbrach. Dabei wollte er mich trösten und die Rolle des Mannes übernehmen. Zum Glück kannte ich mich inzwischen besser mit derartigem Beziehungsverhalten aus. Ich erklärte ihm, dass er weiter Sohn sein darf und ich der Boss bin. Das war nicht einfach, doch er sollte in keine Rolle schlüpfen, die erst später entwicklungsbedingt auf ihn zukommen würde, wenn er selbst Vater war. Außerdem wollte ich ihn nicht in den Konflikt bringen, den ich mit meiner Mutter hatte, als ich, statt Kind zu sein, Mutter der Mutter wurde. Denke ich heute zurück, auch an die Kämpfe zwischen Tom und mir während der Trennungsjahre, verbunden mit seiner Pubertät, bin ich ein bisschen stolz, dass wir das geschafft haben. Mein jüngster Sohn, der inzwischen ein Mann ist, hat einen wundervollen, starken Charakter, und wir beide haben ein inniges, vertrauensvolles Verhältnis. Vielleicht haben die Höhen und Tiefen, durch die wir beide gehen mussten, dieses Vertrauen geschmiedet, obwohl das nicht selten auf Messers Schneide stand und mich an mir selbst zweifeln ließ.

Die Praxis wurde bekannt und zunehmend kamen Menschen zu mir, die sich vertrauensvoll auf mich einließen. Ich leaste mir einen Peugeot-Cabrio mit versenkbarem Verdeck. Damit erfüllte ich mir einen Traum und das war ein tolles Gefühl. Er brachte mich schnell von A nach B. Das half mir Zeit zu sparen. Hatte ich einen Hang zum Luxus? Warum nicht? Ich war inzwischen Mitte 50, noch immer eine schöne Frau, der man die 50 nicht ansah. Das Leben konnte auch ohne Mann schön sein, obwohl ich nicht abgeneigt war, mich auf die eine oder andere Affäre einzulassen, die zwar alle schön und turbulent waren, doch daran scheiterten, dass ich inzwischen sehr genau hinter die Masken sah, die mir nun nicht mehr verborgen blieben. Ich war eine gebrannte Frau und hatte die Illusion verloren, die große Liebe zu finden. Entweder die Liebe traf mich oder es musste ohne gehen. Die Lebensfreude ließ ich mir nicht nehmen und es gab so vieles, was man lieben konnte. Wir machten Urlaub in Norwegen und auf Teneriffa, eine Zeit der Ruhe und des Friedens. Denke ich an mein Leben vor der Wende, hätte ich mir nicht vorstellen können, jemals ein so selbstbestimmtes Leben zu führen.

Die Scheidung verlief zunächst ohne Drama. Der erste Termin stand fest. Dazu kam es jedoch nicht, weil L. dringend zur Operation ins Krankenhaus musste. Es war ein Geschwulst in der Harnröhre, der entfernt werden musste und keine dauerhaften Beschwerden hinterließ. Danach wollte er keine Scheidung mehr. Was sollte ich tun? Ich brauchte keine Scheidung. Er ließ sie ruhen, was L. ohne mich entschied. Hätte ich genug Geld für einen Anwalt gehabt, dann hätte ich mich so schnell wie möglich scheiden lassen. Ich steckte in einer Falle, das fühlte sich nicht gut an. Damit gab es für mich keine Möglichkeit, eine neue Liebe zu beginnen. Das war auch ein Grund dafür, dass keiner von den Männern, die ich in den nächsten Jahren kennenlernte und die mich begehrten, sich auf eine Zukunft mit mir einlassen wollten, jedenfalls nicht die, die ich hätte lieben können. L. ging für fünf Jahre wieder für den Kühlanlagenbau Dresden nach Moskau und ich hatte Ruhe, widmete mich meinem Sohn, den Enkeln, von denen es inzwischen vier gab, und den Klienten. Damit war ich ausgelastet und auf eine Weise zufrieden.

Dann kam 2002 in Dresden die Flut über uns. Keiner fand mehr unter diesen Verhältnissen über die Elbe und in die Praxis. Das Leben stand still oder befand sich im Kampf gegen die Flut. Das Hochwasser erreichte seinen höchsten Pegel bis zwei Zentimeter vor dem „Blauen Wunder". Der Schillergarten, die Villa Marie, der Körnergarten und viele Häuser standen unter Wasser. Die meisten Häuser, die sich unmittelbar an der Elbe befanden, waren vom Hochwasser betroffen und danach stark beschädigt. Ich bewarb mich als Helferin, um traumatisierten Opfern beizustehen. In den Auffangstationen herrschte Chaos. Als ich einmal zu einem Einsatz gerufen wurde, hatte man die Schule, in denen die Menschen in Gorbitz aufgefangen worden waren, bereits geräumt, und keiner konnte mir sagen, wohin die Leute gebracht worden waren. Das war mein einziger Einsatz. Trotzdem bekam ich später eine Fluthelfermedaille, was ich irgendwie witzig fand, trotz der ganzen Tragödien, die mit der Flut verbunden waren.

In Striesen hatten wir Glück, jedenfalls in unserem Haus. Als sich die Elbe mit ihren Wassermassen zurückzog, sahen wir das Ausmaß der Zerstörung. Die Solidarität der Menschen füreinander war unbeschreiblich. In der Not zeigt sich immer erst, dass der Mensch im Grunde einen guten Kern hat, und das lässt mich hoffen. Wenn es darauf ankommt, übernimmt dieses positive Etwas die Führung aus dem Chaos. Doch wo war der Retter aus meinem ganz privaten Dilemma? Die Entwicklung, die ich durchlaufen hatte, brachte mir in den folgenden Jahren viel Bewunderung, Achtung und Respekt ein. In meinem Herzen blieb ich jedoch einsam, und wenn einem das bewusst wird, hängt man auch schon mal tüchtig durch. Da nützt einem das viele Wissen über die menschliche Psyche und die Ursachen menschlichen Verhaltens gar nichts. Man ist auch nur ein Mensch mit Fehlern, der trotzdem geliebt werden möchte, von einem, der mit einem durch dick und dünn geht – bis dass der Tod uns scheidet. Was für ein schöner Traum, da bin ich wieder ganz Kind. Das Kind in mir, das sich den Glauben an die Liebe bewahren will. Ein typisches Krebskind eben.

13 Nach der Flut – ein Aufbruch

Während der Flut hatte ich viel Zeit, darüber nachzudenken, womit ich meine Selbstständigkeit wirksam ausfüllen könnte, bis die Klienten wiederkommen würden. Ich schrieb Konzepte für Vorträge und Seminare, die ich der Volkshochschule in Dresden anbot. Mir ging es darum, Aufklärung über psychische Erkrankungen anzubieten, über Depressionen, Ängste, Panik, Mobbing, später Burn-out und den Umgang mit Stress. Außerdem war ich Trainerin für autogenes Training nach Prof. Schultz, auch dafür wollte ich Kurse anbieten.

Der damalige Leiter der Volkshochschule, Dr. Schneider, hatte ein offenes Ohr für mich und gab mir die Chance, als Honorardozentin einzusteigen. Auch die Volkshochschule in Neustadt bei Dresden ließ mich Kurse für autogenes Training anbieten. So eröffneten sich für mich neue Wege, auf denen ich meine Selbstständigkeit festigen konnte und ich mir einen stabilen Boden schuf. Außerdem hatte ich während der ersten Jahre der therapeutischen Tätigkeit bemerkt, wie wenig die Menschen über psychische Störungen wussten und wie viel Angst bestand, sich mit diesen Themen auseinanderzusetzen. Die Krankenkassen beklagten inzwischen die dramatische Zunahme psychischer Erkrankungen. So entstand für mich später für einige Jahre bis zur Pensionierung eine kooperative Zusammenarbeit mit der BARMER GEK und der TK, wo ich an Gesundheitstagen in Workshops unter anderem über Möglichkeiten der Stressbewältigung informierte.

Außerdem hatte ich inzwischen eine Ausbildung zur Mediatorin am Kübler-Institut in Pirna bei Dr. Maria Bosch erfolgreich abgeschlossen. Maria war die Schülerin der berühmten Virginia Satir, eine international bekannte Familientherapeutin, die inzwischen verstorben ist. In Maria fand ich eine wunderbare Freundin. Leider lebt sie im Odenwald, was nicht bei mir um die Ecke ist. Ab

und zu telefonieren wir und dann fühlen wir uns sehr vertraut.
Das Thema Mobbing wurde immer deutlicher in die Öffentlichkeit getragen. So entstand im Ministerium für Arbeit in Dresden eine Plattform, die sich regelmäßig den Ursachen von Mobbing widmete. Es entstand ein großer Interessenskreis aus Psychologen, Mobbingberatern, Rechtsanwälten, Vertretern vom Arbeitsamt, Soziologen und meiner Wenigkeit. Ich hatte schon lange davor dieses Thema angeboten, zum Beispiel in Gruppen von Arbeitslosen. Es erfüllt mich mit etwas Stolz, dass es dadurch gelang, einigen Menschen einen neuen Blick für ihre Lage zu vermitteln und ihnen zu zeigen, wie man aus einem zeitweiligen Tief wieder hochsteigen kann. Diese Menschen haben mir ihren Dank ausgedrückt und das erfüllte mich jedes Mal mit einem Glücksgefühl. Es lohnt sich immer, aus der Schmollecke herauszukommen. Im Gegensatz zu dem Leben in der DDR gibt es heute eine Vielzahl von Möglichkeiten, um tätig zu werden. In der DDR hätte ich mich nie selbstständig machen können. Bei allem, was ich erlebt habe, hat mit meiner Selbstständigkeit die beste berufliche Zeit begonnen.

Nebenbei hatte ich die Selbsthilfegruppe für Depressionen und Angst bei der KISS (Kontaktstelle für Selbsthilfegruppen) zwei Jahre begleitet, bis sie sich selbst erhalten konnte. Daraus ist ein breites Bündnis um Depressionen in Dresden und darüber hinaus entstanden, das sich dafür einsetzt, über diese schwere Krankheit aufzuklären und Hilfe anzubieten. Daran hatte ich leider keinen Anteil mehr, denn zu viele andere Felder hatte ich zu bestellen. Vielleicht war es ein Mosaikstein, den ich gelegt hatte im Andenken an meine Mutter, die keine Hilfe und Aufklärung erfahren hatte.

Inzwischen lehrte ich Teilgebiete der Psychologie im Rahmen der Pflichtweiterbildung für Altenpfleger an einem Dresdner Institut. Die Altenpflege sollte professioneller werden und dazu gehörte, dass Altenpfleger(innen) nicht nur waschen, füttern und

Medikamente verabreichen, sondern auch in ihrem Umgang mit den Senioren und deren Krankheiten psychologisches Verständnis entwickeln. Sie sollten lernen, besser mit Gewalt umzugehen und in schwierigen Situationen zu wissen, wie man diese meistert. Die Zunahme alter Menschen mit Demenz und Alzheimer wurde immer mehr zu einer Herausforderung in Deutschland und auch in Sachsen, die den Pfleger/innen ihre Grenzen zeigten. Hier gab es viel zutun, um alte Denkmuster aufzubrechen und stures Pflegen in sinnvolles Pflegen zu ändern.

Es galt zum Beispiel zu erkennen, dass Senioren noch immer eine Würde haben, die man nicht verletzen darf. Alte Menschen kann man nicht mehr erziehen und ihre Individualität sollte geachtet werden. In diesem Geist verstand ich meine Arbeit. Es gab auch Widerstände seitens der erwachsenen Schüler, denn nicht jeder wollte sich den Thesen anschließen, die ich vermittelte. Dahinter standen aber große Namen von Ärzten und Psychologen, die mir die Erlaubnis gaben, ihre wissenschaftlichen Erkenntnisse zu verwenden.

Der Chef des Institutes, in dem ich lehren durfte, ein ehemaliger Professor der TU, nahm mich unter seine Fittiche. Er war schwierig, sehr korrekt und zwang mich, ebenso gewissenhaft die Seminarunterlagen, später auch Präsentationen zu entwickeln. Er übersah keinen Fehler, die neue Rechtschreibung lehnte er ab, was immer mal zu kleinen Auseinandersätzungen führte. Trotzdem habe ich ihm viel zu verdanken und denke gern an unsere Zeit zurück. Sicher genießt er endlich sein Rentnerdasein. Mit seiner Nachfolge kam ich gar nicht klar. Das ist eine andere Geschichte.

Ab und zu muss ich eine Geschichte weglassen, das bitte ich zu verstehen, sonst verliere ich mich. Manche kleine Affäre muss ich hier verschweigen, denn das sollen ja auch mal meine Enkel lesen. So ein Leben ist schon sehr vielfältig, wenn man zurückschaut.

2005 bekam ich eine neue Chance. Vorher musste ich mal wieder umziehen. Der Vermieter der Wohnung in der Eisenacher Straße war einer von den Wessis mit Euros in den Augen. Eine Mieterhöhung stand an. Er saß mir gegenüber in der Praxis, ein stattlicher, imposanter Macho-Typ. Erst bat er mich sehr schmeichlerisch, ihm doch immer mal etwas über die anderen Bewohner im Haus zu erzählen. In mir bäumte sich alles auf. Was glaubte er, wer ich bin? Dachte er, wir waren in der DDR alle IMs? Ich machte ihm sehr deutlich klar, dass ich niemals spionieren würde, und wieder hatte ich einen Feind.

Ich ging auf Wohnungs- und Praxissuche. Als ich die neue Praxis in der Striesener Straße eingerichtet hatte, suchte ich nach einer kleineren Traumwohnung, die ich auch bald in der Eilenburger Straße, im Stadtteil Striesen mit 82 Quadratmetern, kleiner Terrasse im Erdgeschoss und Hof fand. Ideal für später, wenn ich allein leben müsste, waren meine Überlegungen. Kurze Wege zum Einkaufen und zu den öffentlichen Verkehrsmitteln waren ausschlaggebend für diese Entscheidung, schließlich muss man vorausschauend denken. Ich ging auf die 60 zu. Darüber, wie ich den Umzug bewerkstelligen sollte, machte ich mir noch keine Gedanken, davor gruselte es mir. Ich war so oft umgezogen, aber immer war mein Mann dabei gewesen. Diesmal war ich damit mit Tom allein und der machte keine Anstalten, mit auszuziehen. Auch er liebte unsere Wohnung und verstand die Entscheidung nicht, die ich getroffen hatte.

Der Tag des Umzuges kam. Ich war natürlich inzwischen nicht mehr ganz ohne Hilfe, denn mein Bruder und meine Tochter mitsamt Familie, ein Freund sowie zehn Engel standen mir überraschend zur Verfügung. Als ich am Morgen die Wohnungstür öffnete, sahen mich zehn fremde Leute im Treppenhaus an, die ein Klientenpaar mitgebracht hatte. Ich stand total neben mir. Das haute mich fast um. Darauf war ich nicht vorbereitet. Wie sollte ich diesen Menschen jemals danken können? Später stellte sich heraus, dass sie auch Erwartungen an mich hatten. Es waren einfache Leute, die offenbar glaubten, dass Geld für mich keine Rolle spielte. Eine Psychotherapeutin mit eigener Praxis, mit geleastem

Cabrio und mit so einer Wohnung, das riecht nach Geld. Keiner sieht, dass man selbst und ständig tätig ist und man oft nicht weiß, wo das Geld herkommt. Alles muss man selbst organisieren und wenn da nicht die vielen Menschen gewesen wären, die an mich geglaubt hätten, dazu die Umbruchzeit, in der neue Wege zu gehen oft auch abenteuerlich war, wunderte ich mich manchmal selbst, wie eins zum andern kam und irgendwie funktionierte. Viel habe ich auch einigen Klienten zu verdanken, die mich weiterempfahlen.

Ich konnte gar nicht so schnell hingucken, wie alle Möbel, Kisten mit Wäsche, Büchern und gesammelten Urlaubserinnerungen in der neuen Wohnung landeten. Auch Tom verweigerte sich nun nicht mehr und begann zu packen. Das war ein turbulenter Tag, an dem ich zum ersten Mal glaubte durchzudrehen, was ich gut zu verbergen wusste. Ich schwor mir, dass das mein letzter Umzug in diesem Leben sein sollte.

Einer dieser Klienten holte mich zu sich in eine Dresdner Bildungseinrichtung, wo ich die Grundlage für eine neue Weiterbildungsrichtung für Alten- und Krankenpfleger mit psychologischen Themen schaffen durfte. Hier arbeitete ich lange Zeit, auch noch während meiner Pensionierung als Honorardozentin auf den Gebieten der „Psychischen Gesundheit", Umgang mit psychischen Störungen bei Senioren/innen, für Pflegern/innen, Krankenpersonal und Alltagsbegleitern.

Wieder eine andere Klientin, sie arbeitete in einem Ordnungsamt an zentraler Stelle Dresdens, ließ nicht locker, damit ich endlich die Heilpraktikerprüfung vor dem Amtsarzt in Löbau ablegte. Davor hatte ich mich immer gedrückt. Über diese Frau lief die Anmeldung für die Prüfung in Löbau. Sie quälte mich und machte mir Mut. Außerdem lehrte ich zu dieser Zeit an einer Heilpraktikerschule in Dresden Psychologie und bereitete diese Schüler auf die Heilpraktikerprüfung vor. Also ein Paradoxon, ich musste mich dieser Prüfung stellen.

Wer Erfolg hat, dem fliegen die Freunde zu, und davon hatte ich damals sehr viele. Eine Freundin begleitete mich zur Prüfung, die ich mit fast 60 Jahren bestand. Wir feierten das zu meinem 60. Geburtstag und alle waren da, auch die Kinder und Enkel. Der Hof gehörte uns allein. Die Sonne strahlte und schenkte uns Sommerwärme. Unter einem großen Zelt waren Tische und Bänke aufgestellt. Ein Tapeziertisch wurde zur Tafel mit Salaten, Obst und Brot umfunktioniert. Auf dem Grill wurde gebrutzelt. Es war ein schönes Fest und ich fühlte mich auf den Wellen des Glücks. Ich wurde mit Blumen und Blumentöpfen beschenkt. Nach all den bewegten Zeiten kam es mir vor, in meinem Leben angekommen zu sein. So hatte ich mir das immer gewünscht, eine große Familie an einem Tisch voller Freunde, wie in Italien. Was mir fehlte, war ein mich liebender Partner, den ich ebenso lieben konnte. Wir hatten noch einige schöne Feste, bis Tom für ein halbes Jahr über „Work & Travel" nach Australien ging und mein Mann wiederauftauchte, der aus Russland zurückgekommen war.

60. Geburtstag

L. hatte noch keinen Computer und so keine Möglichkeit, mit Tom zu kommunizieren. Tom informierte mich regelmäßig per E-Mail, sandte Fotos und kleine Berichte aus Australien, über die ich sehr glücklich war. Als Mutter macht man sich immer Sorgen, wenn das Kind weit weg ist, und Australien erschien mir sehr weit. Tom so weit weg zu wissen, erforderte viel Vertrauen. So kam es, dass ich L., Toms Vater, teilnehmen ließ an den Informationen, die ich aus Australien bekam. Nun sahen wir uns wieder öfter und eine alte Vertrautheit entstand. Eine Illusion wie so viele, doch die Sehnsucht war größer und die Hoffnung, dass alles wieder gut wird, ließ mich einen weiteren großen Fehler machen.

Als Tom aus Australien zurückkam, war er ein Mann, der perfekt Englisch sprach und wusste, was er wollte, nämlich Hubschrauber-Pilot werden. Mit seinem Vater suchte er eine Ausbildungseinrichtung für Piloten und sie fanden diese in Mannheim. Diese Zeit schmiedete uns wieder zusammen und Tom war glücklich, dass seine Eltern sich wieder zu verstehen schienen.

Die Elbe mit Teilen der hystorischen Dampferflotte

14 Hoffnung, Verrat und Loslassen

Im Mai 2008 beschlossen wir es noch mal miteinander zu versuchen und L. zog wieder bei mir ein. Im Ordnungsamt von Dresden ließen wir uns wieder offiziell als Ehepaar eintragen und dabei hatte ich statt Glücksgefühlen ein mulmiges Gefühl im Bauch. Was hatte ich erwartet? Ein „Danke", dass du mich zurücknimmst, verbunden mit einem zärtlichen Kuss? Stattdessen auf der Straße: „Da bin ich mal gespannt, wie positiv sich das auf unsere Steuererklärung auswirkt." Ich war sprachlos und hätte am liebsten alles rückgängig gemacht. Aber so war ich eben, man darf niemanden enttäuschen, obwohl man mich immer wieder enttäuschen durfte. Wir richteten uns ein und bald plätscherte unsere Ehe im alten Fahrwasser dahin, als hätte es nie eine Trennung gegeben.

Noch immer ging L. jeden Tag zur Arbeit. Er arbeitete inzwischen in Dresden in einem Unternehmen für Kältetechnik als Exportleiter. Er ging auf die 70 zu und ich überlegte, mit dem Eintritt der Rente in zwei Jahren meine Praxis zu schließen und nur noch ab und zu als Dozentin und Kursleiterin tätig zu sein. Wir hatten einige schöne Auslandsreisen gemacht, die uns leider nicht näher zusammenführten. Die Freunde blieben weg und ich traute mich auch keine großen Feste zu veranstalten, denn das wollte L. nicht. Es war schon jedes Mal schwierig, wenn die Kinder kamen. Waren die Kinder da, war er der King und führte das Wort. Er unterhielt alle mit seinen spannenden Lebensgeschichten aus Russland und ich saß dabei auf dem übrig gebliebenen Hocker, nachdem der Tisch gedeckt war und es allen gut zu schmecken schien. Wenn dann noch das Telefon klingelte und einer seiner Partner dran war, der noch einen Rat wollte, vergaß er, dass wir Gäste hatten. Dann strahlte er, hörten doch alle, wie wichtig er noch immer war. Das empfand ich als äußerst negativ. Ich war frustriert und enttäuscht.

Als er 2012 nach seinem 70. Geburtstag in Rente ging, wurde

unsere Beziehung zur Zerreißprobe. Kam ich aus der Praxis, stand er stöhnend in der Tür und tat so, als mache er sich große Sorgen, weil ich so spät kam. Ich kam mir dann vor wie ein kleines Mädchen. Wir entfernten uns wieder immer mehr voneinander. Die Einkäufe erledigte ich inzwischen allein, weil ich seine Nörgeleien nicht ertrug, wenn wir zusammen einkaufen gingen. Das Leben machte mir so keine Freude.

Am 1. Juli 2014 hatte ich meine Praxis abgewickelt, die Möbel verkauft und die Akten zur staatlichen Vernichtung abholen lassen. Dann war ich zu Hause und widmete mich dem Ruhestand, den ich in vollen Zügen genießen wollte. Ich konnte auf ein ereignisreiches Arbeitsleben zurückblicken. Das eine oder andere Seminar hielt ich noch voller Freude und erst mit 70 beschloss ich, mich vollkommen zurückzuziehen. Doch ich wäre nicht ich, wenn ich nicht doch noch etwas der Gesellschaft zurückgeben wollte. In der Zeitung las ich, dass die Ordnungsämter in Blasewitz und Loschwitz einen Friedensrichter suchten. Ich bewarb mich und gewann gegen zehn Anwärter(innen) das Auswahlverfahren. Nun hatte ich ein Ehrenamt. Meine Aufgabe war und ist es, Streit zwischen Nachbarn zu schlichten. Ich dachte mir, dass ich als Mediatorin dafür geeignet sein müsste. Selbst war ich nie in einem Nachbarschaftsstreit verwickelt, aber was da auf mich zukam, war teilweise schlimm. Unglaublich, worüber sich Menschen streiten und wie sie sich das Leben zur Hölle machen. Meistens gelang mir die Schlichtung, doch nicht immer, was ich gelassen hinter mich lassen konnte. Wer nicht will, dass ihm geholfen wird, dem kann man nicht helfen. Da ahnte ich noch nicht, wie tief ich bald selbst fallen würde. Für mich war die Welt noch in Ordnung – fast.

Außerdem besuchte ich ein Fitnessstudio und entdeckte die Lust am Schreiben. In der Seniorenakademie Dresden gab es die Interessensgruppe der schreibenden Senior(inn)en mit Rudolf Scholz, einem bekannten Dresdner Schriftsteller, der leider plötzlich im Alter von 80 Jahren verstarb. Dort fand ich meine neue Leidenschaft, die eine alte Leidenschaft war, neu. Geschrieben hatte ich schon immer gern. Es war für mich nicht langweilig, aber für meinen Mann. Alle Vorschläge, die ich machte, unser Rentnerdasein gemeinsam zu gestalten, lehnte er ab. Immer gab es einen Grund, warum das, was ich vorschlug, nicht möglich war. Saß ich über meiner Schreibarbeit oder erledigte ich singend die Hausarbeit, stand er im Türrahmen und fragte, warum ich so zufrieden sein könne. Dabei hatten wir alles, was ein Mensch braucht, die Kinder waren gesund, alle in Arbeit, und ein finanzielles Polster hatten wir auch. Er strahlte nur noch negative Energie aus, die ich an manchen Tagen nicht gut aushalten konnte. Alles wusste er besser, meckerte über Gott und die Welt. Da war Streit vorprogrammiert und der nahm zu. Ich muss aber sagen, dass der von mir aus ging, weil ich nach einer Lösung suchte, aber mit L. konnte man nicht diskutieren, weil er mir nicht standhielt. Wenn er das merkte, drehte er mir den Rücken zu und verschwand in sein Zimmer. Ich fühlte mich nicht ernst genommen und in meinem Anliegen, unsere Beziehung zu verbessern, ignoriert. Inzwischen schliefen wir getrennt, ich im Arbeitszimmer und er in seinem. Im Ergebnis ging jeder seinen eigenen Weg. Nur wenn die Kinder kamen, spielte sich alles wie immer ab. Ich kaufte ein, kochte oder backte, versuchte eine heimelige Atmosphäre zu schaffen mit dem meckernden Mann im Hintergrund. Kamen die Kinder, war er der Held. Mir schrieb man später zu, dass ich die Atmosphäre mit meinen Kommentaren vergiftet hätte. Ich war wieder allein schuldig.

Also nahm ich es so, wie es war, und ging auch meine eigenen Wege. Ich verstand, dass es für L. schwer war, nach einem langen Arbeitsleben sich an einen neuen Rhythmus zu gewöhnen und die Gelassenheit des Alters anzunehmen. Mit Engelszungen versuchte ich ihm bewusst zu machen, was für eine Chance uns der Ruhestand bot, der kein wirklicher Ruhestand sein müsste. Soll eben jeder das machen, was er möchte. Mit einer Freundin flog ich im

April 2016 für 14 Tage nach Teneriffa. Wir genossen den Frühling auf der Insel, gingen im Meer baden, lasen in der Sonne, mieteten ein Auto und fuhren hoch zum Teide. Das Leben konnte so schön sein. Zurück in Dresden empfing mich mein Mann, der mir beim Frühstück erklärte, dass er sich wieder trennen wolle, damit es mir besser gehe. Er bat mich, allen in der Familie zu erzählen, dass es unsere gemeinsame Entscheidung sei. Ich stimmte dem zu, denn ich wollte Frieden. Sollte er wieder seinen einsamen Alleingang vollziehen. Ich würde ihm dabei nicht im Wege stehen und half ihm dabei, sich neu einzurichten.

Dann war ich allein, sehr allein, denn die Kinder aus der ersten Ehe wandten sich von mir ab. Meine zwei jüngeren Enkel durfte ich nicht mehr sehen. Die beiden großen Enkel lebten inzwischen in Leipzig und Bonn, doch sie blieben mir gewogen, das war ein kleiner Trost. Auch Tom ließ mich nicht im Stich, doch er lebte inzwischen in Bayern und flog im Südsudan monatelang für das „Internationale Rote Kreuz" und „Ärzte ohne Grenzen". Mein Vater, der bald 90 Jahre werden würde, verstand das alles nicht, er hielt zu mir, und wenn er mich am Telefon seinen „Schatz" nannte, ging in mir für Sekunden die Sonne auf. Sogar Toms Halbbruder und dessen Frau kamen mich ab und zu besuchen. Natürlich versuchte auch mein Bruder, mir Mut zu machen. Keiner von ihnen lebte aber in Dresden. Wie lange würde ich sie noch mit dem Auto besuchen können, wie lange würde mein Körper das noch alles mitmachen? Der 70. Geburtstag kam bald auf mich zu, ebenso die Hochzeit von Tom und Susi.

Mir war, als würde es mir das Herz zerreißen. Ich habe es überstanden, wenn es auch manche Stunden gab und gibt, in der ich gegen Angst und Depressionen kämpfen muss.

Für mich grenzte das Verhalten L.s und der beiden Großen an Verrat und Herzlosigkeit. Ich habe niemals einen von ihnen im Stich gelassen, und jetzt, wo es mir schlecht geht, lässt man mich allein. Meine Tochter wohnt nur zwei Straßen weiter von mir entfernt, doch sie kann nicht mehr mit mir reden. Was ist mit ihr geschehen? Ich höre noch immer ihre Worte: „Mutti, ich bleibe immer bei dir, ich lass dich nie alleine." Steckt dahinter vielleicht: „Du hast mich alleine gelassen, das tue ich mit Dir nicht."? Sie war damals 20 Jahre, als wir 1990 nach Moskau gingen. Manja hatte eine schöne Zukunft vor sich, ohne Not.

Irgendwann habe ich mir gesagt, dass das jetzt so ist und ich damit klarkommen muss und ich mich nicht aufgeben darf. Lass ihnen ihr Leben, sie haben es sich selbst ausgesucht und stehen auf festen Beinen. Du musst loslassen und sehen, was dir das Leben noch zu geben hat. Ich bin ja jetzt total frei und fast ungebunden, kann verreisen, wohin ich will, machen, was ich will.

Durch die Zeitung erfuhr ich vom Kästner Kolleg, einer Sprachschule, die Menschen aus der ganzen Welt anbietet, dort die deutsche Sprache zu erlernen. Sie suchten für diese Studenten ein Zimmer mit Frühstück. Ich bot mein Arbeitszimmer an, das gleichzeitig auch Gästezimmer ist. Seitdem habe ich zeitweise wunderbare junge Menschen bei mir wohnen, zum Beispiel aus Taiwan, Russland, Texas, Barcelona und Mexiko. Es macht mich froh, diesen Studenten eine häusliche Bleibe zu geben, und ich lerne viel über das Leben, das sie führen. Damit wir uns besser verständigen können, besuche ich jetzt einen Englischkurs, um mein mageres Englisch zu erweitern. Wenn es bei den Studenten mit dem Deutsch noch nicht so klappt, muss es eben mit Englisch gehen.

In diesem Jahr bin ich mit einer Reisegruppe im Bus durch die Toskana gereist und einen Monat später durch Korsika. Weihnachten kommt der halbe faire Teil der Familie nach Dresden und danach werde ich 14 Tage in die Türkei nach Antalya reisen. Obwohl ich nicht mehr jung bin, steht mir die Welt trotzdem offen. Zum Glück bin ich ein Krebskind, das sich nach einem notwendigen Rückzug immer wieder nach draußen traut, wenn das auch nach allem, was geschehen ist, Überwindung kostet. Und ich wohne in der schönsten Stadt Deutschlands, in Dresden.

Was hatte meine Oma immer gesagt, wenn ich weinen musste? „Heule nicht, sonst setzt es was!" Ihr Leben war auch kein Ritt über die Sonnenstraße und sie hatte nie die Möglichkeit, ein selbstbestimmtes Leben zu führen, so wie ich. Der Preis dafür kann für uns Frauen aber immer noch sehr hoch sein.